TRÊS POETAS DO SAMBA-
-ENREDO

GUSTAVO GASPARANI
LEONARDO BRUNO
RACHEL VALENÇA

TRÊS POETAS DO SAMBA-
-ENREDO

COMPOSITORES QUE FIZERAM HISTÓRIA NO CARNAVAL

Cobogó

SUMÁRIO

Prefácio   7
SÉRGIO CABRAL

1. Introdução   9
   GUSTAVO GASPARANI, LEONARDO BRUNO E RACHEL VALENÇA

2. Aluísio Machado — Se mete com ele...   53
   RACHEL VALENÇA

3. David Corrêa — Das maravilhas do mar, fez-se o esplendor de um poeta   109
   LEONARDO BRUNO

4. Hélio Turco — Um poeta entre versos, pipas e balões   175
   GUSTAVO GASPARANI

Referências bibliográficas   231

Sobre os autores   234

Agradecimentos   237

PREFÁCIO

As escolas de samba criam verdadeiros craques na Avenida, mas gostaria de chamar a atenção para os que também brilham mesmo fora da pista de desfile. Refiro-me aos pesquisadores de um universo ainda não explorado inteiramente e que permanece rico para atividade dos estudiosos da nossa cultura popular.

Gustavo Gasparani, Leonardo Bruno e Rachel Valença são magníficos exemplos dessa turma que não pretende brilhar na Passarela do Samba, mas mergulha tão profundamente no tema que não seria surpreendente aparecer com uma faixa de campeão na Avenida. Afinal, seu trabalho *Três poetas do samba-enredo* é uma espécie de farol para quem deseja navegar, a qualquer hora do dia ou da noite, pelo mundo do samba.

Apesar de focalizar especialmente as últimas décadas do século XX e as primeiras do XXI, os autores proporcionam a sensação de que estamos diante de um período bem mais amplo, tal a riqueza do desfile de sambistas de várias gerações que percorre as páginas de *Três poetas do samba-enredo*. Tudo isso em forma de bate-papo, como se recomendaria a qualquer texto que aborde a cultura popular do Rio de Janeiro. É bom para o trabalho e, especialmente, para o leitor, que se sente conduzido, de mãos dadas com os autores, a descobrir os segredos do samba carioca.

Sérgio Cabral
Agosto de 2020

INTRODUÇÃO

GUSTAVO GASPARANI, LEONARDO BRUNO E RACHEL VALENÇA

Este livro nasce de uma paixão em comum de seus três autores: o samba-enredo. Ele é a trilha sonora da vida da imperiana Rachel Valença, do mangueirense Gustavo Gasparani e do portelense Leonardo Bruno, que colecionam décadas e décadas de desfiles extasiados nas passarelas da alegria. *Três poetas do samba-enredo* surge do desejo de reverenciar os compositores das grandes obras que embalaram esses momentos de sonho, já que pouco se fala sobre os artistas que dedicam seus dias a criar letras e melodias para suas escolas do coração. Esta arte será representada pelas histórias de três expoentes: Aluísio Machado, do Império Serrano; David Corrêa, da Portela; e Hélio Turco, da Mangueira. Cada autor escolheu o seu biografado e traçou um perfil, juntando na mesma prosa a isenção e a paixão, a objetividade e a emoção, conjugando a fidelidade aos fatos com o arrepio que sentem ao ouvirem o cavaco, o repique e o tamborim.

Por meio destas narrativas, será possível reconstruir duas trajetórias: a coletiva, do samba-enredo, já que o trio de perfilados atravessa oito décadas do gênero (dos anos 1950 aos recém-chegados anos 2020); e a individual, pois a história de cada um deles carrega as dores e delícias que revelam um pouco do que é ser sambista no Brasil. Antes de esmiuçar estas biografias tão ricas, Rachel Valença, Gustavo Gasparani e Leonardo Bruno resolveram traçar um panorama do gênero samba-enredo, esboçando um painel de sua evolução e suas transformações ao longo do tempo. Em vez de escrever um longo texto introdutório, preferiram se expressar da forma mais adequada ao tema: assim como fazem nossos poetas ao criarem suas obras, eles se sentaram em roda, em volta de uma mesa, pandeiro de um lado, cervejinha do outro, e jogaram as palavras no ar. Bambas em outra arte, a de refletir sobre a cultura popular, ao final do papo não criaram letras nem melodias, mas ajudaram a esmiuçar esse mundo dos fazedores de samba. O garçom já trouxe mais uma rodada: Rachel, Gustavo e Leonardo, agora é com vocês!

RACHEL — "Isso é Silas de Oliveira, menina! É pra ouvir de joelhos." Eu tinha 23 anos, morava em Brasília e não conhecia o mundo do Carnaval. Mas aquele sambista, à mesa do bar, percebeu meu encantamento ao ouvir "Os cinco bailes da história do Rio" e me esclareceu de que se tratava. Era meu primeiro contato com samba-enredo, e aquilo mudaria minha vida pra sempre. Silas e o Império Serrano, em forma de letra e melodia, entraram naquele momento na minha vida. E nunca mais saíram. Estou ouvindo de joelhos até hoje!

GUSTAVO — Quando eu era criança, minha mãe me levava pro colégio cantando. Ela não tinha ligação com o Carnaval, mas nos anos 70 os sambas-enredo tocavam nas rádios. Lembro de ter aprendido "Ôôôôô, essa é a negra Fulô", que mais tarde descobri ser de "Imagens poéticas de Jorge de Lima", samba da Mangueira de 1975. No ano seguinte, ela me ensinou "Os sertões", da Em Cima da Hora, e um refrão que havia tomado a cidade: "Obabá-ola-obabá/ É a Mãe do Ouro que vem nos salvar." E assim o destino fez surgir um jovem mangueirense!

LEONARDO — Eu surpreendi minha família quando, com apenas 8 anos de idade, pedi de presente de Natal o disco das escolas de samba. Ninguém entendeu de onde vinha aquela paixão. Acho que não levaram muito a sério o meu pedido e me deram só a fita cassete — lembram-se das fitas? Foi no Carnaval de 1989, que teve grandes sambas. Sei todos de cor até hoje: da primeira colocada, a Imperatriz, com "Liberdade, liberdade, abre as asas sobre nós", à última, a Unidos do Jacarezinho, com um samba sobre astrologia que é uma maravilha!

RACHEL — Eu acho que o desejo de contar as histórias desses três grandes compositores, Aluísio Machado, David Corrêa e Hélio Turco, vem dessa nossa paixão pelas obras deles e pelo gênero samba-enredo. Mas também tem a ver com nossa preocupação com o futuro. Eles são expoentes ilustres de um gênero que há anos enfrenta uma crise. Esses três artistas fantásticos representam uma fase histórica que está se encerrando, ou, pelo menos, se modificando. E o samba-enredo é um gênero importante para a identidade nacional, definidor de uma peça fundamental da cultura brasileira, que são as escolas de samba.

Essa mudança de paradigma é muito relevante, tem que ser observada com atenção.

LEONARDO — O samba-enredo é a porta de entrada para as pessoas gostarem de Carnaval. As histórias que contamos sobre nossos primeiros contatos com o samba mostram isso. É a faceta mais apaixonante das escolas de samba. No futebol, você nunca vai torcer por um concorrente — é impossível um vascaíno torcer pelo Flamengo. No Carnaval, ao contrário, quando um portelense ouve um lindo samba da Mangueira ou do Império Serrano, ele fala: "Nossa, mas aquele samba é maravilhoso..." O samba te leva até a torcer por uma escola adversária! E é importante lembrar que o samba-enredo foi registrado como patrimônio imaterial brasileiro pelo Iphan. Esse registro expõe uma preocupação com seu desaparecimento, porque algumas de suas características primordiais vêm se perdendo, e propõe ações de salvaguarda para preservar suas matrizes.

RACHEL — Eu sou de uma escola de grandes sambas, e isso não é mero acaso: na própria origem do Império Serrano o samba tem papel determinante. Foi por causa de um samba-enredo, composto pela dupla Silas de Oliveira e Mano Décio da Viola para o Prazer da Serrinha, e que acabou não sendo cantado na Avenida por uma desastrosa decisão de seu presidente, que os sambistas da escola se revoltaram e fundaram outra escola, o Império Serrano, em bases democráticas. Essa história é linda: o estopim da revolta foi um samba-enredo!

GUSTAVO — A meu ver, dois grandes problemas que o gênero enfrentou foram: a queda na qualidade e o enfraquecimento das alas de compositores das escolas. A queda na qualidade nos faz pensar na relevância artística do que o Carnaval está produzindo. E o problema com as alas de compositores é imaginar como isso se sustenta a longo prazo: continuaremos tendo sambas-enredo sem alas de compositores fortes? São várias questões pra gente pensar. Falando da qualidade artística, essa crise fica clara quando analisamos as safras dos carnavais. A partir dos anos 90, as escolas enfrentam uma fase menos inspirada em termos de samba-enredo, por vários motivos. É claro que em todos os anos, com raras exceções, você encontra um ou dois ótimos sambas. Mas, analisados em conjunto, nota-se que as safras pioraram muito. Surpreendentemente, nos últimos cinco anos houve uma significativa melhora, com o samba-enredo resgatando pra si um certo protagonismo na festa. Se nós observarmos esses movimentos ao longo da história, podemos tentar compreender melhor as causas e os efeitos, evitando novos períodos de "seca".

LEONARDO — Vivemos essa fase ruim nos anos 90 e 2000. Na década de 2010, os sambas voltaram a ter protagonismo, com elevada qualidade artística. Os marcos dessa retomada são o samba da Portela de 2012 e o da Vila Isabel em 2013, popularmente conhecidos como "Madureira sobe o Pelô" e "Festa no arraiá". Em seguida vem o ótimo "Axé Nkenda", da Imperatriz em 2015. E nos últimos anos vários sambas explodiram: em 2018, Beija-Flor e Tuiuti; em 2019, o samba da Mangueira, que foi gravado até pela Maria Bethânia. Em 2020, o samba da Viradouro foi muito cantado, e o da Grande Rio é uma obra-prima. O gênero se revitalizou, mas mudaram algumas características de sua formação. Não há problema nisso, as coisas se transformam mesmo. Mas o atual modelo de criação de samba-enredo talvez impeça o surgimento de nomes como Aluísio Machado, David Corrêa e Hélio Turco. Eles são frutos de outra época. É uma pena imaginar que sambistas desse nível talvez tenham, hoje, dificuldades de emplacar suas obras.

RACHEL — Muita gente aponta a "morte" do samba-enredo, com o aparecimento dos "escritórios", grupos de compositores profissionais que concorrem nas disputas de samba de várias escolas ao mesmo tempo, incluindo na parceria às vezes, quando indispensável, algum integrante da ala. E também há agremiações que encomendam sambas a compositores específicos, sem fazerem disputas em suas quadras, sem prestigiarem suas alas de compositores. Talvez essas sejam, pelo contrário, alternativas de sobrevivência do gênero, pois realmente estão aparecendo sambas bons. Se a escola fica restrita à sua ala de compositores, e dali tem que sair um samba, não necessariamente será de qualidade. Vivemos, alguns anos atrás, épocas de safras horríveis. Sem dúvida, com esse novo formato, o resultado tem sido positivo. A questão é que não podemos olhar apenas para o "produto final". A escolha do samba-enredo é um ritual que tem duração de dois a três meses, mantém a quadra ativa, reúne os componentes, familiariza os que vão desfilar com o samba que será cantado. Se, pelo fato de o produto ter ficado melhor, a gente simplesmente se conformar, vamos então encomendar todo ano uma obra para um compositor consagrado, que vai abrir sua caixinha de samba-enredo e retirar de lá uma boa composição. Mas aí estaremos admitindo uma mudança brutal na essência do que sempre foi a escola de samba.

LEONARDO — Estamos falando de duas coisas diferentes: o gênero musical samba-enredo, que tem vida própria, e o que ele representa dentro dos rituais comunitários de uma escola. Nesse segundo aspecto a mudança é gigantesca. As alas de compositores praticamente não existem mais. Não se reúnem, não têm agenda de eventos, não têm identidade. É preciso que fique claro o real significado do samba-enredo: além de ser um gênero musical, ele deve ser a expressão de um ano de convivência de uma comunidade. O que aquelas pessoas querem dizer? De que forma elas querem abordar o tema do enredo? Esse discurso interfere diretamente no pertencimento que aquela comunidade sente em relação à agremiação.

GUSTAVO — Vale ressaltar que as agremiações tinham os compositores como figuras centrais, e as alas eram importantíssimas. Cada uma tinha um estilo próprio, você reconhecia a escola ao ouvir o samba. Os compositores eram líderes respeitados nas comunidades. Um fato que exemplifica bem isso é o concurso do "Cidadão Samba". O vencedor tinha que exibir seus talentos no canto, na dança e na composição. Isso tinha muito significado, sobretudo se lembrarmos as perseguições sofridas pelos sambistas nos primórdios. Através do samba aquela população pobre, que precisou subir os morros em busca de moradia, foi ganhando reconhecimento, se redescobrindo e afirmando seus valores enquanto povo. Para eles, o samba não era entretenimento nem "espetáculo", mas sua expressão mais íntima e uma maneira de sublimar a batalha do dia a dia. Como nos explicou Candeia: "Samba é lamento, é sofrimento, é fuga dos meus ais..." É sempre bom lembrar que as escolas de samba vêm daí, né?

LEONARDO — Elas nascem dos compositores e ganham esse nome justamente porque ensinavam samba. O "fazer samba" era primordial! Os fundadores das agremiações eram compositores: Cartola e Carlos Cachaça na Mangueira; Paulo da Portela, Antônio Caetano e Antônio Rufino na Portela; Mano Décio da Viola e Silas de Oliveira no Império Serrano; Djalma Sabiá e Noel Rosa de Oliveira no Salgueiro...

RACHEL — E a ala de compositores, além do samba-enredo, compunha também sambas de terreiro. Tinha uma existência maior, não se produzia apenas uma vez por ano, para decidir que samba ia pro desfile. No ensaio se cantavam os dois tipos de samba: de enredo e de terreiro. Mas os sambas de terreiro, depois chamados sambas de quadra, morreram. O esvaziamento da ala de compositores começa quando ela não tem mais outra função a não ser concorrer para o samba-enredo. Ela não tem uma vida ativa, de produtividade e criatividade o ano inteiro.

GUSTAVO — Em determinado momento, o desfile passou a ser visto como um grande show de Las Vegas, uma superprodução. Mas com uma diferença importante. Hollywood, a Broadway e até mesmo a TV Globo sempre investiram nos valores humanos: autores, atores, diretores. Eles formam novos artistas, até porque sabem que sem eles o tal "espetáculo" estaria comprometido, e a "indústria" não se sustentaria. No Carnaval, após todas essas mudanças, não se criou algo que incentivasse os jovens compositores. O que seria natural, afinal a música é a base desse "espetáculo". Assim como existem escolas de mestre-sala e porta-bandeira e cursos de percussão nas baterias mirins, as agremiações deveriam fazer oficinas de composição. Como criar uma letra, como desenvolver uma ideia, como criar melodias?

LEONARDO — As agremiações fazem escolhas. Nos últimos anos, elas ficaram de pires na mão, com a diminuição da subvenção pública e a fuga dos patrocínios. Muitas nem faziam ensaios nas quadras, porque havia o custo de manter o espaço em atividade. No entanto, tinham dinheiro para pagar altos salários aos carnavalescos e investir em engenhocas caríssimas das comissões de frente. É uma escolha você pagar uma quantia alta a um carnavalesco e não abrir sua quadra, não fazer um concurso de samba de terreiro. Elas investem o dinheiro todo em um dia apenas, o do desfile. E deixam os outros 364 dias à míngua.

RACHEL — Quando comecei a frequentar o Império Serrano, há quase 50 anos, lembro que num canto da quadra acontecia uma roda de samba. O ensaio corria solto, mas eu gostava de chegar lá perto e me encantava com a turma que estava ali, no partido-alto, no improviso. Os jovens viam aquilo e se interessavam. É claro que nem todos: uns se encantavam com o ritmo e iam pra bateria, outros pela dança e viravam passistas. Mas alguns se interessavam pela composição. Ali, de alguma forma, se dava a transmissão do fazer artístico daquela comunidade. Isso acabou. As escolas optaram por voltar as costas para os seus ritos originais, que davam sustentação a tudo aquilo. Os ensaios se tornaram comerciais demais. Para atrair o público, se criou um show sem improvisação alguma, e a quadra deixou de funcionar como esse importante lugar de transmissão de saberes e fazeres preciosos.

GUSTAVO — É uma visão de showbiz. Mas elas são escolas de... samba! Por que se preservam tantos setores, se busca a renovação, mas não se investe no principal, a música? Nelson Sargento me contou que nas décadas de 30 e 40 os sambas eram escolhidos de maneira informal, como consequência do convívio comunitário. Era o lazer da rapaziada. Entre uma bola e um gole, escolhiam os dois ou três melhores, que representariam a escola. Sei que era um mundo mais romântico, "tempos idos", como diria Cartola. Tudo bem! Faz parte. Mas insisto na criação de uma escolinha para as crianças tocarem seus cavacos, seus pandeiros, aprenderem a pensar, a criar letra, a compor. Acho que essa é a questão e a solução pro futuro do samba-enredo.

LEONARDO — Na seara dos carnavalescos, o Carnaval sempre bebeu na fonte da Escola de Belas Artes, um lugar que trabalha na formação desse tipo de profissional. E qual era o lugar que formava os compositores? Era a própria escola de samba! Só que ela desistiu dessa função, abriu mão desse papel. Então a gente vê agora uma geração fortíssima de novos carnavalescos, oriundos das escolas de artes plásticas, e não tem uma geração de novos compositores, porque o lugar que era a fonte desses artistas não existe mais.

GUSTAVO — E os novos compositores que apareceram vêm de outros lugares. Vêm dos blocos, chegam com outra formação musical, são de fora das comunidades. Então não representam exatamente o que as pessoas dali gostariam de dizer. É curioso: aquela camada da sociedade que rejeitava o samba nos anos 20/30 chega de fininho na década de 60 e vai ocupando seu espaço aos poucos na escola. Hoje os jovens sambistas da Zona Sul, universitários, com uma outra pegada, outra vivência, estão na linha de frente de várias escolas. Não questiono o valor artístico. São talentosos! Mas e o compositor da comunidade? Como fica pra ele? Quem, de fato, representa a linguagem do povo? Parece que o compositor de escola de samba vai sendo jogado pra escanteio, pra fora do seu próprio ambiente. É uma questão social também, né? Talvez eu esteja sendo muito tradicionalista e não perceba que as escolas de samba não pertencem mais às suas comunidades somente, mas a toda a cidade, a todo o país...

RACHEL — Mas, Gustavo, a trajetória das escolas de samba, desde o início da década de 30, foi marcada por concessões. Foi assim que elas foram construindo sua história e garantindo sua aceitação pela sociedade, que antes as discriminava e perseguia. No caso do samba-enredo, nós estamos falando de uma enorme concessão que elas estão fazendo. Havia um modelo de existência, com uma ala de compositores atuante, que fazia sambas de quadra, que dava festas, que desfilava junto com a escola cantando o samba vencedor, qualquer que fosse. Isso hoje é uma farsa, porque na verdade não é dali, daquela ala que vemos em desfile, que sai o samba. A gente está melhorando as safras, mas a que preço? De que as escolas estão abrindo mão ao alterarem esse modelo?

LEONARDO — A partir desse seu olhar pra trajetória das escolas, Rachel, eu ousaria apontar um período áureo na popularidade dos sambas-enredo: entre 1963 e 1993, marcado por duas obras emblemáticas do Salgueiro. "Xica da Silva", de 1963, é o primeiro samba que começa a sair do gueto do Carnaval, atingindo a classe média e sendo cantado em outros ambientes além das quadras. Depois vêm a Mangueira com "O mundo encantado de Monteiro Lobato" (1967) e o Salgueiro com "Bahia de todos os deuses" (1969), que explodem definitivamente pela cidade toda. Essa fase de ouro termina 30 anos depois, com o "Explode, coração", de 1993, que é o último samba que estourou no país inteiro. Depois, é ladeira abaixo, o gênero nunca mais se recuperou. E nesse caso estou falando da repercussão, não necessariamente da qualidade.

RACHEL — Eu tenho lembranças de "Xica da Silva", do Salgueiro, extrapolar os limites do Carnaval. Eu morava na Zona Sul, não era público-alvo das escolas de samba, e me lembro que esse samba era tocado até em bailes de Carnaval em clubes. Saiu das comunidades de samba e se espalhou na sociedade como um todo.

GUSTAVO — Não sei se eu marcaria esse período de 30 anos. "Xica da Silva", embora tenha um belíssimo samba, foi importante pelo desfile de forma geral, que extrapolou o nicho dos sambistas, com a fantasia da Isabel Valença, o minueto da Mercedes Baptista. A estética da Escola de Belas Artes trazida pelo Salgueiro vai ajudar muito a socializar o desfile, atraindo a classe média. Houve uma aproximação ao gosto da "exigente" elite carioca. Mas, em termos de samba, o que marca essa virada é "O mundo encantado de Monteiro Lobato", que já era cantado antes mesmo do desfile. Foi o primeiro samba a fazer sucesso numa gravação de uma cantora da MPB, Eliana Pittman, que lançou moda. No mesmo ano, foi gravado também pela Elza Soares e mais tarde por Jair Rodrigues.

RACHEL — Antes disso, em 1955, um samba-enredo do Império Serrano, "Exaltação a Tiradentes", foi gravado, ainda em 78 rpm, pelo cantor Roberto Silva, sob o título "Tiradentes". Engraçado que o samba tinha sido levado à Avenida pelo Império seis anos antes, em 1949, e era muito conhecido nas rodas de sambistas da cidade, mas só chegou ao disco em 1955 e não fez grande sucesso.

GUSTAVO — Rachel, ainda teve a gravação da Emilinha Borba, em 1956, de "Brasil, fonte das artes", do Salgueiro. Mas também sem sucesso. O que quero dizer é que por conta da repercussão da gravação de "Monteiro Lobato", logo no ano seguinte, em 1968, resolveram gravar o primeiro disco de sambas-enredo. Era o gênero mostrando sua importância, a ponto de atrair uma gravadora. A partir daí, virou costume os cantores da MPB gravarem os sambas das escolas. E nesse momento surge uma grande contribuição do Salgueiro, que foi investir fortemente na comunicação com o público, com "Bahia de todos os deuses" e depois com o "Pega no ganzê". A cidade inteira cantava aquele refrão forte. Depois todo mundo saiu imitando, né? Foram cinco campeonatos consecutivos de escolas que apostaram nesse estilo de samba curto e de grande comunicação: "Bahia de todos os deuses", do Salgueiro, em 1969; "Lendas e mistérios da Amazônia", da Portela, em 1970; "Festa para um rei negro", do

Salgueiro, em 1971; "Alô... Alô...Taí Carmen Miranda", do Império Serrano, em 1972; e "Lendas do Abaeté", da Mangueira, em 1973. Não podemos esquecer o "Martim Cererê", da Imperatriz Leopoldinense, em 1972, que foi tema da novela "Bandeira 2" e ajudou muito na popularização do gênero! Inclusive havia um personagem com o nome do compositor do samba: Zé Katimba, interpretado pelo Grande Otelo.

RACHEL — Nesse sentido é fundamental lembrar os sambas do Martinho da Vila, do final da década de 60, como um marco na intenção de trazer o público pro desfile, pra cantar junto. Começa com o "Carnaval de ilusões", da Vila, em 1967. Todo mundo conhecia e cantava junto o refrão "Ciranda, cirandinha / Vamos todos cirandar...", letra e melodia de uma popular cantiga de roda.

GUSTAVO — Esse samba ainda acho que está no meio do caminho, Rachel. Já o que ele faz em 1968, "Quatro séculos de modas e costumes", é completamente moderno! O de 67 já tem uns traços do Martinho, mas o de 1968 inaugura algo diferente, traz uma coisa nova que até então não tinha surgido.

LEONARDO — No samba de 1967 só a melodia é do Martinho. A letra é toda do Gemeu, que inscreveu a letra no concurso sem a melodia pronta e ganhou! Aí deu-se um impasse para saber como seria feita a melodia. No fim das contas, pediram ao Martinho.

RACHEL — Que história, Leo!

GUSTAVO — Então é por isso que a letra ainda não é moderna, faz sentido!

LEONARDO — Já em 1968 o samba é todo dele. O Martinho talvez seja o grande revolucionário do samba-enredo, compondo os sambas da Vila em 1967, 1968, 1969, 1970 e 1972, um período definitivo para a afirmação do gênero.

GUSTAVO —A modernidade na linguagem só chega com o Martinho em 1968.

LEONARDO — Esse estilo de samba-enredo antigo, da década de 50 e início dos anos 60, com palavras rebuscadas e expressões grandiosas, me lembra o Paulo da Portela dizendo que o sambista devia andar com "pés e pescoço ocupados". Tem uma solenidade, um respeito, uma vontade do compositor de se fazer respeitar. Já o Martinho veste o samba-enredo de bermuda e camiseta. E fica lindo!

RACHEL — Sim, o compositor daquele período assimila o discurso do Paulo da Portela: não deve usar as palavras comuns do cotidiano, tem que enfeitar o discurso. Isso faz parte da tentativa de aceitação pela sociedade. Nessa fase, o grande nome é mesmo o Silas de Oliveira. Ele é um dos formatadores do gênero nessa época, com muitas obras importantes, como "Aquarela brasileira" e "Heróis da liberdade". São os chamados "lençóis", sambas em que os compositores aceitam o desafio de demonstrar certa erudição em letras muito elaboradas.

GUSTAVO — Na década de 70 ainda sobrevivem esses sambas mais clássicos, tradicionais e com letras enormes, e começam a surgir os de refrãos curtos, de fácil comunicação. Porém, uma coisa não anula a outra. As transformações acontecem, mas os estilos de samba vão convivendo ao longo do tempo. A riqueza do samba-enredo é você perceber os diversos estilos do gênero. Em 1976, desfilaram na mesma noite "Os sertões", da Em Cima da Hora, e "No reino da Mãe do Ouro (Obabá-ola-obabá)", da Mangueira, duas vertentes completamente diferentes. Outro exemplo: em 1994, a Grande Rio trouxe o belíssimo "Os santos que a África não viu". É um samba de estrutura clássica, tradicional, já nos anos 90. E a escola fez um ótimo desfile. A variedade de formatos é importante.

RACHEL — Já que falamos em variedade, tivemos ao longo do tempo várias tendências no samba-enredo. Na década de 80, vimos a onda do pornôssamba! O ano de 1986 foi rico em exemplos, lembram? A Vila Isabel cantou: "Mas deixa isto pra lá/ E vá na pura do barril!" A Unidos da Tijuca veio com "O arroz com feijão/ Lá de casa é bom/ Mas o cozido da vizinha é melhor". E a Caprichosos de Pilares fez coro ao duplo sentido, com "Não enfia o pau/ Noutra bandeira". Hoje pode parecer até ingênuo, mas estávamos saindo da ditadura, todo mundo queria extravasar o que antes era proibido. Felizmente foi só uma tendência passageira. Depois a Viradouro inaugurou uma fase de lirismo, a partir de 1993, com "Amor, sublime amor", mesmo o samba-enredo sendo um gênero de natureza épica. Tendências que não foram adiante, mas que promoviam uma diversidade que é importante.

GUSTAVO — Não podemos esquecer dos sambas da União da Ilha. A escola criou um estilo próprio. Os sambas eram alegres e traziam uma jovialidade contagiante: "O amanhã", "O que será?", "Domingo", "É hoje", só para citar alguns. Não à toa foram gravados por vários intérpretes da MPB. As melodias eram lindas e originais. E viva Didi, Aurinho da Ilha e a inconfundível voz de Aroldo Melodia!

LEONARDO — Bela lembrança da Ilha! Aliás, a Portela também merece uma menção em relação a sua contribuição para a qualidade dos sambas-enredo. Ela é a maior vitoriosa do prêmio Estandarte de Ouro nessa categoria: foram nove troféus em quase cinquenta edições. Nessa lista estão os extraordinários "Macunaíma" (1975), "Das maravilhas do mar fez-se o esplendor de uma noite" (1981) e "Gosto que me enrosco" (1995), letras incríveis com melodias inesquecíveis.

GUSTAVO — Por falar em melodia, num determinado momento começo a perceber uma certa repetição das linhas melódicas. Vocês concordam? Os sambas passam a ser feitos em linhas de produção. Desde os anos 90, se uma escola traz um refrão legal, no ano seguinte vêm três outros sambas com o mesmo estilo melódico. Com os escritórios isso se acentua, porque a característica do compositor está presente em todos os sambas que aquele grupo faz, espalhado em diversas escolas. Se você ouve um disco do Chico Buarque, ele tem um estilo. O Caetano Veloso tem o seu estilo. Com o compositor de samba-enredo é a mesma coisa. Então se o sambista faz samba pra várias escolas, elas terão todas um estilo semelhante.

RACHEL — A tendência a repetir o que dá certo é uma forte característica das escolas desde sempre. Você mesmo, Gustavo, falou ainda há pouco sobre a enxurrada de sambas que apareceram a partir do sucesso de "Bahia de todos os deuses" e "Festa para um rei negro": todo mundo queria um refrão comunicativo. O mesmo aconteceu em 1993, com o próprio Salgueiro: ter um refrão como aquele "Explode, coração" se tornou uma obsessão em disputas de samba-enredo de todas as escolas. Não sei se isso se relaciona ao fenômeno dos "escritórios de samba". Eles surgem quando os sambas começam a dar dinheiro, por conta de direitos autorais e direitos de arena. Então as disputas se profissionalizaram, era preciso ganhar a qualquer preço. Acabou aquela inocência das pastoras indo para a quadra cantar seu samba favorito. Os compositores concorrentes passaram a mobilizar torcidas nas quadras, para ajudá-los a vencer a competição. Ônibus, ingressos, cerveja, impressão de prospectos com a letra, gravação de fitas, depois CDs e hoje vídeos, camisetas, alegorias de mão, intérpretes e acompanhamento de qualidade... Ficou muito caro participar da competição. As disputas de samba-enredo se tornaram viciosas, porque o poder econômico passou a ter mais peso do que a qualidade da obra. O número de parceiros cresceu: raramente se tem samba de um compositor ou mesmo de uma dupla. Há os que criam melodias, há os que fazem letras e há os que pagam as despesas. O jogo ficou pesado. Não era possível correr o risco de perder. A solução foi se associar a financiadores e inscrever sambas em diversas escolas, diluindo esse custo. E, garantindo que vão ganhar em algumas, conseguem ter o retorno desse investimento. Parece frio e horrível, mas muitos deles são pessoas que realmente gostam de samba, amam compor e são inspirados. É apenas uma forma de sobreviverem num contexto em que as próprias diretorias são muitas vezes capazes de cortar um bom samba sob a alegação de que seus autores não estão investindo — leia-se: não estavam trazendo torcida para gerar lucro para a escola.

LEONARDO — A diferença é que antigamente o compositor fazia o samba para a escola dele no Carnaval e durante o resto do ano estava compondo música pra Beth Carvalho, pra Alcione, pra Clara Nunes... Agora eles só fazem samba-enredo! Viraram duas tribos diferentes: o compositor de escola de samba e o compositor de meio de ano.

RACHEL — Nesse sentido, eu sou tradicionalista: quem é da Vila Isabel faz samba pra Vila Isabel, quem é do Império Serrano faz samba pro Império Serrano. Isso obrigaria cada escola a investir na qualidade de sua ala de compositores. Mas nem tudo está perdido: meu romantismo me faz pensar também nas escolas pequenas, onde não há cifras em jogo, e apesar disso as disputas de samba-enredo são acirradas. Isso prova que o impulso criador do samba-enredo ainda vive.

LEONARDO — A verdade é que, dentro das escolas, os compositores perderam muita força, foram escanteados, deixaram de participar das decisões importantes. E eles foram os fundadores, os primeiros presidentes! Mas, aos poucos, acabaram alijados do comando pelas novas lideranças, que são não sambistas, os "gestores". A eles interessou enfraquecer os compositores, que eram os grandes líderes até então. Nos anos 70 tivemos movimentos de reação a isso, como a Quilombo, fundada por Candeia, assim como os encontros no Cacique de Ramos. O pessoal do Fundo de Quintal diz que, quando as escolas passaram a focar só no samba-enredo, os compositores tiveram que achar outro espaço para mostrar suas músicas e começaram a se reunir no Cacique. É um período em que o compositor perde voz dentro das escolas.

GUSTAVO — Esses anos 70 são muito representativos de uma mudança na configuração do Carnaval como um todo. Ali muda a correlação de forças, emergem novas agremiações, como Beija-Flor, Mocidade e Imperatriz, que se tornam poderosas com a pujança financeira dos seus patronos e vencem os carnavais de 1976 a 1981. É a tal "superescola de samba S.A." citada na letra de "Bum bum paticumbum prugurundum", que surge muito apoiada na estética. São verdadeiras empresas bem administradas. Os desfiles começam a ficar caros, com alegorias gigantescas. O investimento primordial passa a ser nos barracões. Aquela canção da Beth Carvalho representa esse momento: "Depois que o visual virou quesito/ Na concepção desses sambeiros/ O samba perdeu a sua pujança/ Ao curvar-se à circunstância/ Imposta pelo dinheiro..." Vocês se lembram? Ela gravou isso em 1978, no disco *De pé no chão*, Leo. Justamente o primeiro disco dedicado ao Cacique de Ramos. O título sugere a volta aos terreiros.

LEONARDO — É a fase de transição da preponderância musical para o reinado da estética. Nessa época, convivem a força do visual com a qualidade dos sambas. Não à toa é o auge das escolas de samba, com um alto nível nos dois aspectos. Depois isso se desequilibra: o visual começa a predominar e o samba se enfraquece, pelas razões que a gente vem falando aqui. E as escolas começam a perder popularidade. O momento em que o Carnaval foi mais forte e popular é quando concilia bons sambas com visual impactante.

RACHEL — Quando o visual passa a predominar, permitem-se aos carnavalescos certas liberdades, como, por exemplo, juntar sambas, num grande desrespeito à autoria. Quando o carnavalesco sai do seu âmbito, que é o visual, e quer também dar "pitaco" no samba-enredo, o gênero começa a entrar em declínio. Não é mera coincidência.

LEONARDO — Joãosinho Trinta começa a fazer isso ainda no Salgueiro. Em 1974, ele reduz o tamanho do samba: de 43 versos, passa a 28. Em 1975, ele comete a ousadia de juntar dois sambas que estavam em disputa. O carnavalesco passa a ter ingerência sobre o samba, determinando quais informações têm que estar na letra, que ordem de setores o compositor tem que seguir. Antes o carnavalesco dava um tema e o compositor ia pesquisar por conta própria, até enriquecendo o enredo. A partir da virada dos anos 70 para os 80, o que o carnavalesco decide é lei. O compositor é convidado a ser apenas um arrumador de frases.

RACHEL — As sinopses de enredo feitas pelos carnavalescos começam a ser muito mais impositivas. E a escolha do samba passa a levar em conta se todos os aspectos da sinopse estavam contemplados, na ordem certa. E por quê? Porque o próprio julgamento cobrava isso. Os jurados passaram a tirar pontos de sambas que não reproduziam exatamente o que a sinopse dizia. Ora, isso poda muito a criatividade do compositor.

LEONARDO — E os compositores podem colaborar de forma riquíssima com os enredos! Vimos isso em 2019, na Mangueira: parte da repercussão do samba se deveu à citação de Marielle Franco. Era algo que não estava na sinopse, o compositor trouxe sua referência a partir da leitura que ele fez do tema. E o carnavalesco inteligentemente incorporou ao enredo. É uma troca que acontece pouco hoje em dia. Na maioria das escolas, quando se vê alguma citação que não está na sinopse, o samba é eliminado da disputa.

RACHEL — Quantas vezes tivemos casos em que os carnavalescos mudaram a ordem dos setores, ou introduziram novos elementos em sua concepção original do enredo, a partir de um elemento do samba. Hoje em dia isso é quase impossível, porque o carnavalesco se tornou mais intransigente, o senhor de tudo, tem que ser na ordem que ele impôs. É interessante notar como o compositor passou a ser quase subordinado ao carnavalesco. Se este é inteligente, leva em conta o samba-enredo. Mas isso não é a regra.

GUSTAVO — Seguindo nessa linha evolutiva a partir dos anos 70, eu queria falar de um momento marcante, a meu ver, no processo de transformação do samba-enredo: a construção do Sambódromo. Talvez por conta do meu trabalho de ator eu tenha essa percepção de quanto é importante a relação da obra artística com o espaço físico, e também da plateia com o espetáculo. Se eu faço uma peça num teatro pequeno, com acústica perfeita, eu consigo realizar um tipo de espetáculo. Se eu for para um teatro gigantesco, com problemas de acústica, tendo que colocar microfone, muda tudo. Houve uma transformação do samba-enredo na Era Sambódromo. A Passarela prejudicou a coisa mais bonita do desfile: antigamente, o espectador sentava na arquibancada e, conforme a escola vinha, mesmo distante, se ouvia o samba através da voz do público cantando, antes até de escutar a bateria ou o puxador. Isso obrigava os sambas a serem bons, com melodias fortes. No Sambódromo, o canto do povo deixa de ser primordial, afinal tudo está amplificado. O samba-enredo unificava as vozes das arquibancadas e da escola num único canto. Com o Sambódromo isso se perdeu, as arquibancadas ficaram muito afastadas da pista de desfile, esfriando a comunicação com o público. E a amplificação do som igualou todas as escolas. Não faz mais tanta diferença ter um samba bonito e uma torcida grande. A escola pode ter samba ruim, pode ter turista japonês, pode ter gente que não canta, mas tem um som lá que garante tudo isso.

RACHEL — Houve um tempo em que o samba era cantado pelo componente e era cantado pela arquibancada. Hoje, tanto faz se ele é cantado pela arquibancada, se ele é cantado pelo componente, porque não é ouvido. O samba-enredo deixou de ser uma obra feita para ser cantada por um coro de empolgados. Ele agora é uma música num som amplificado.

GUSTAVO — No Carnaval de 2007, Mangueira e Beija-Flor fizeram um ensaio técnico juntas. As duas tinham sambas lindos, com torcidas enormes. E no ensaio técnico ainda não existe a sonorização oficial da Avenida, a escola leva apenas um carro de som pequeno. Tive uma experiência incrível, porque você ouvia torcedores e componentes de Mangueira e Beija-Flor cantando com paixão os sambas das suas escolas. Foi emocionante, eu ensaiei chorando! Eu pensava: "Meu Deus, há quanto tempo eu não ouço isso, o que é que está acontecendo?"

LEONARDO — Que maravilha de lembrança, Gustavo! Essa é uma boa comparação, porque o ensaio técnico não tem o mesmo som ensurdecedor do desfile. E o público é totalmente diferente.

RACHEL — Acho que o fundamental nessa questão é a mudança do público. O ensaio técnico, como é gratuito, tem um espectador bem diferente daquele que está no desfile oficial, por causa do valor do ingresso. Até o final da década de 70, mesmo já na Marquês de Sapucaí, o ingresso era mais barato, o público era mais ou menos igual a quem desfilava. O sujeito vinha ver o vizinho desfilando, vinha ver a mãe, vinha ver o filho. A inauguração do Sambódromo é um marco: o ingresso encareceu tanto que, no primeiro ano, eles tiveram que parcelar o valor em três vezes. Vendia no extinto Banerj, vocês se lembram? Ainda não havia a cultura de o rico assistir ao desfile, e o pobre não tinha mais dinheiro pra pagar. Então, para os ingressos não encalharem, a solução foi parcelar.

GUSTAVO — Eu me lembro de que nas primeiras vezes em que fui assistir aos desfiles, ainda na arquibancada de madeira, a plateia tinha muitos negros. Hoje em dia você conta nos dedos os negros que estão na plateia. As escolas foram embranquecendo, num processo que se iniciou nas diretorias, passou pelos componentes, até chegar no público. Nada contra os brancos, sou um deles. Mas como dar aos negros um papel de coadjuvante numa festa de matriz africana?

LEONARDO — Ótimo ponto! Queria falar sobre um aspecto que tem a ver com a origem dessa herança negra: o ritmo. As baterias das escolas, que são a essência de qualquer desfile, passaram por uma enorme transformação, com uma aceleração excessiva de seus andamentos. Isso teve relação direta com o samba, porque a partir do momento em que ele é feito pra empolgar, pra ganhar a vibração da plateia, aquela cadência mais tranquila não serve mais. Os diretores de bateria jogaram o andamento lá pra frente, os sambas passaram a ficar superacelerados, e isso interferiu diretamente na qualidade musical. Felizmente, nos últimos anos tivemos uma reversão dessa tendência: hoje as melhores baterias que temos são as que voltaram a tocar numa voltagem mais reduzida. Mas nesse período entre os anos 1990 e 2000, muitas escolas entravam na Avenida a mil por hora! Não tem sambista que aguente!

GUSTAVO — Com essa mudança toda, quem perdeu foi o espetáculo. Os carnavais nos anos 90 passaram a ser "técnicos". Ganhava quem fazia o desfile mais correto, quem não errava. Mas a verdadeira razão é que o público que assistia não tinha nada a ver com aquela festa, era elitizado ou estrangeiro àquele universo, só se identificava com os refrãos bobos, de rima fácil e apelo popularesco. Então as escolas não conseguiam se comunicar com as arquibancadas. E dá-lhe artista em cima de carro para animar a turistada! O argumento das "escolas técnicas" justificava esses problemas graves que existiam — sambas fracos e plateias sem afinidade com o Carnaval — e que eles não sabiam como resolver. Se dizia assim: "Não, o espetáculo não esfriou, o público não está menos receptivo... É que agora os desfiles são técnicos!" Tudo desculpa! Isso nivelou o samba por baixo.

LEONARDO — Nos anos 80 e até o início dos anos 90, a gente ainda via desfiles empolgantes, que mobilizavam as arquibancadas: "Kizomba" (Vila, 1988), "Pauliceia desvairada" (Estácio, 1992), "Peguei um Ita no Norte" (Salgueiro, 1993)... Por isso não atribuo o problema tanto ao Sambódromo em si, mas ao público que está lá. E acrescento mais um fator que contribuiu para a pasteurização do samba. Nos anos 70 e 80, o Rio tinha o Carnaval oficial do Brasil, repercutia no país inteiro. No início da década de 90, houve um crescimento do Carnaval baiano, que começou a competir com o carioca. Eles disputavam o espaço radiofônico e os programas de TV. O samba-enredo deixou de ser tocado nas rádios, substituído pela Daniela Mercury, pela Margareth Menezes, pela Timbalada. Em termos musicais, houve impacto, porque a Bahia trazia letras simples, músicas "chiclete", que pegavam facilmente no gosto do público. Isso teve influência na criação musical das escolas de samba.

RACHEL — Esse realmente é um argumento forte. E já que você falou nos cantores, me ocorreu outra coisa que mudou muito. Até outro dia, cada escola tinha um puxador, e às vezes um ou dois cantores de apoio. Atualmente os carros de som têm sete, oito, dez pessoas cantando! Como é que antigamente uma só pessoa conseguia dar conta?

GUSTAVO — Porque o coro era a própria escola.

LEONARDO — Quando se perde essa voz forte, isso mexe na identidade da escola. Havia vozes marcantes como Neguinho da Beija-Flor, Roberto Ribeiro, Silvinho da Portela, Jamelão. E não falo nem dos oito cantores de apoio que compõem o carro de som, mas de puxadores principais mesmo. Recentemente vimos escolas com três puxadores oficiais, já teve até caso de desfile com quatro puxadores principais. Com quatro cantores disputando o microfone número um, qual voz é a cara da escola?

GUSTAVO — Nos anos 90 também tivemos um impacto grande, que se estendeu pelos anos 2000: os enredos patrocinados. Isso interfere nos sambas, porque é difícil conseguir fazer uma letra boa a partir de um enredo sem pé nem cabeça. Nesse sentido, esse aumento na qualidade dos sambas-enredo nos últimos anos também tem a ver com uma melhoria nos enredos. Chegou uma nova geração de carnavalescos talentosíssimos que, com as escolas sem patrocínio, puderam propor excelentes temas, com forte relação com as comunidades. Eles renderam ótimos sambas, com letras diferentes e melodias originais. O problema é que, para eles melhorarem, os escritórios foram necessários, a encomenda de sambas para autores renomados se fortaleceu. E o compositor da comunidade, um Hélio Turco, o poeta da escola, como fica? Ele é deixando à deriva, não tem como sobreviver nesse novo modelo.

RACHEL — Não me surpreende que, com os escritórios e as encomendas, a safra melhore. Porque ninguém vai contratar um compositor medíocre para fazer o samba. A qualidade dos compositores que recebem encomendas e dos compositores de escritório é altíssima. Daí o fato de eles terem facilidade para se estabelecer no mercado. Um compositor fraco não consegue manter um escritório.

LEONARDO — E não é qualquer compositor que faz samba-enredo, né, Rachel? É um gênero muito peculiar. Veja só: a música é criada para ser executada numa situação específica, com dia e hora para acontecer. Letra e melodia são feitas para serem cantadas em cortejo, contando uma história que será mostrada em cenários e figurinos. Só que, para ele ser escolhido, precisa participar de uma disputa na quadra, num ambiente mais próximo do samba de terreiro, como se fosse um festival. Então ele passa por duas situações totalmente diferentes (o festival e o cortejo) e tem que se sair bem nas duas: porque se não funcionar na quadra, não ganha a disputa; e se ganhar a disputa, mas não funcionar na Avenida, não é um bom samba-enredo. Depois, a obra ainda é avaliada e recebe notas da comissão julgadora, entre 9 e 10. Isso para um gênero musical é muito curioso! São particularidades únicas do samba-enredo.

GUSTAVO — Como você falou do julgamento, Leo, tem um ponto fundamental aí: a importância do samba-enredo é menosprezada pelos jurados. Alegorias e Adereços, por exemplo, é um quesito julgado com muito mais rigor; o júri desconta mais pontos do que em Samba-Enredo. Então as alegorias acabam tendo um peso muito maior no resultado final, indiretamente. Você vê os jurados dando notas muito parecidas, às vezes a mesma nota, para sambas de qualidades bem diferentes. Ou seja, o samba-enredo não faz grande diferença na avaliação final.

LEONARDO — Já teve época em que o quesito Samba-Enredo valia mais pontos do que os outros. Samba, Bateria e Harmonia eram quesitos com a nota multiplicada no fim, ao contrário de Comissão de Frente, Fantasias e Mestre-Sala e Porta-Bandeira, por exemplo. Acho até justo que seja assim. Depois, os pesos foram se igualando, até esse modelo atual, em que todos os quesitos têm a mesma pontuação. Mas, como o Gustavo falou, se o próprio júri tira muito mais décimos de um quesito que de outro, está desequilibrando o julgamento. E o samba-enredo acabou ficando com importância reduzida. Então as escolas vão ter menos preocupação com o samba do que com as alegorias. Isso contribui para o enfraquecimento dos compositores nas escolas, à medida que o samba deixa de ser relevante no julgamento. Ora, se o mais importante são as alegorias e as fantasias, é claro que a figura mais valorizada vai ser a do carnavalesco.

GUSTAVO — Ali na virada dos anos 80 para os 90, percebemos uma mudança no julgamento, que passou a ser orientado para privilegiar as escolas que traziam um visual mais grandioso. Em 1986 e 1987, com a Mangueira, e em 1988, com a Vila Isabel, o título foi para escolas de menor investimento, que ganharam na força de seu chão, na qualidade de seus sambas, em desfiles de garra. O poder financeiro não fez diferença, e as escolas poderosas ficaram revoltadas de gastar tanto dinheiro no barracão para perder o Carnaval para as mais pobres. Em 1989 aconteceu outra situação emblemática. O grande desfile da Beija-Flor, "Ratos e urubus, larguem minha fantasia", perdeu para "Liberdade, liberdade, abre as asas sobre nós", da Imperatriz, justamente no desempate em Samba-Enredo. E realmente o samba da Imperatriz era incomparável, uma obra-prima. A escola de Ramos foi ovacionada, aos gritos de "É campeã!" do início ao fim, o título foi justo! Foi uma vitória do samba-enredo! No início dos anos 90 ainda víamos o samba ser valorizado no julgamento. Mas depois ele perdeu importância mesmo. Houve escolas campeãs com sambas horríveis.

RACHEL — Nos anos 90 houve muitas mudanças conceituais no comando do Carnaval, com um franco favorecimento do aspecto visual. E um fortalecimento da figura do carnavalesco, que é artista plástico, minimizando valores mais tradicionais das escolas de samba. Essa forma de ver os desfiles se reflete nos critérios de julgamento e tem impacto nos resultados. E como todo mundo quer ser campeão, as escolas foram se moldando a isso, imitando o que faziam as vencedoras e enfraquecendo essa matriz importantíssima que é o samba-enredo.

GUSTAVO — Eu percebo um movimento de mudança nos últimos anos: alguns jurados começaram a ser um pouco mais criteriosos no julgamento de samba-enredo. Não por acaso são carnavais em que as safras têm tido uma qualidade maior, com os sambas contribuindo de forma decisiva para os campeonatos.

LEONARDO — Essa melhoria teve impacto imediato nas escolas, que perceberam a importância do samba nos desfiles. Mas elas enfrentaram dificuldades para se readaptar, porque olharam para dentro e encontraram suas alas de compositores esfaceladas. Olha que problemão: preciso de um samba-enredo forte para me sair bem no Carnaval, mas minha ala de compositores não existe mais ou não tem qualidade suficiente... Qual foi a solução? Encomendas de samba aos borbotões. No Carnaval de 2020, por exemplo, mais da metade dos sambas da Série A foi definida sem disputa na quadra, a partir de encomendas a parcerias famosas. E também vimos outro fenômeno surgir: a tentativa de se trazer sambas de meio de ano para a Avenida.

Obras antigas, que foram feitas para serem cantadas nos salões, e não num desfile da Sapucaí. A Viradouro fez uma junção de dois sambas do Luiz Carlos da Vila para o Carnaval de 2015. E o Império Serrano em 2019 apostou no clássico "O que é, o que é", do Gonzaguinha. Meteram os pés pelas mãos ao desprestigiar suas alas de compositores.

RACHEL — Isso me lembrou uma história, Leo... Meu pai era um típico representante daquela classe média que não gosta de samba. Ele tinha um grupo de velhos amigos de Copacabana, que bebiam num bar. Desse grupo participava Braguinha, o João de Barro. Um dia, na década de 70, meu pai contou que havia comentado com o Braguinha que eu era do Império Serrano e ele se oferecera para ajudar, compondo samba para a escola. Eu agradeci e tentei explicar que não seria adequado, que a escola tinha sua ala de compositores. Meu pai retrucou: "Como não serve? É muito melhor do que esses sambas que vocês cantam, que não querem dizer nada. Nenhum compositor de lá é melhor que o Braguinha!" Eu tentei encerrar o assunto: "Não é que seja melhor ou pior, é outro tipo de compositor. O Braguinha não sabe fazer samba-enredo, não conhece a escola..." Mas meu pai não se conformou: "Que pretensão do Império Serrano não querer o Braguinha..." Claro que nem pensei em comentar na escola o oferecimento, porque iria cair no ridículo. Braguinha, claro, é um monumento nacional, mas samba-enredo não era a praia dele. Pois bem: hoje em dia é a praia de qualquer um.

GUSTAVO — Essa história é ótima! Um exemplo disso que você está falando, Rachel: o Gonzaguinha é um dos grandes, um compositor maravilhoso. Mas nem por isso um samba dele vai servir para o desfile de uma escola. Como não serviu para o Império no Carnaval de 2019.

LEONARDO — Eu queria voltar à mudança de modelo nas escolhas de samba. Os escritórios e as encomendas se aproximam de uma estrutura empresarial: você contrata o samba-enredo numa "prestadora de serviços", que trabalha com diversas outras escolas. Como se fosse um fornecedor de matéria-prima. Essa "empresa" não tem qualquer relação com aquela gente, simplesmente entrega o produto e vai embora. É diferente de a agremiação ter uma ala de compositores, que remete a sua essência inicial, de ser um grêmio recreativo dentro da comunidade. Mas essa mudança de modelo não aconteceu só no samba-enredo. O casal de mestre-sala e porta-bandeira também se profissionalizou: são trabalhadores da dança, cada ano numa escola diferente, treinados por bailarinos do Theatro Municipal — o que tem feito eles perderem as características da dança popular negra, mas isso é outra história... E a bateria? A escola contrata um mestre, que traz consigo os diretores e os principais ritmistas de outra escola, para integrar aquela bateria. Essa turma se junta aos que já são dali. Vem muita gente de fora com o mestre contratado. Até na ala das baianas tem isso: como está difícil conseguir componentes, tem escola que contrata baianas de aluguel! E a comissão de frente? Eram os mais velhos da agremiação, apresentando a escola. Hoje é um organismo à parte, que nem sabe onde fica a quadra! É um grupo de bailarinos pagos para fazer um espetáculo na frente do desfile. Então o fenômeno que aconteceu com os compositores também pode ser visto nos outros setores. Por isso faço uma provocação: nossa indisposição com o modelo de escolha de samba não seria apenas saudosismo? A gente não está querendo voltar para uma época onde tudo era diferente?

RACHEL — Acho que não estamos querendo voltar, não, Leo. Só estamos mostrando como se deu a evolução do gênero. Não tenho vontade, por exemplo, de voltar lá pros anos 30, quando a segunda parte do samba era improvisada na Avenida. Estamos olhando para o momento atual. E mostrando como o modelo antigo permitiu o surgimento de Aluísio Machado, David Corrêa e Hélio Turco. Hoje em dia acabou esse tipo de compositor. Nós aceitamos o escritório e as encomendas como um fato do Carnaval atual, mas temos que ter consciência do que isso representa. Estamos criando novos Aluísios, Davids e Hélios?

LEONARDO — E temos que pensar em como isso se relaciona com as identidades das agremiações, né, Rachel? A gente via uma escola verde e rosa na Avenida e sabia que era a Mangueira. Assim como escutava um samba do Hélio Turco e sabia que era de lá. Atualmente, a Mangueira nem desfila de verde e rosa nem os sambas são feitos por compositores da comunidade.

GUSTAVO — Mas, apesar dessas mudanças todas, vocês sabem que eu sou otimista? A nova geração de carnavalescos surgiu com uma identificação real com o universo das escolas. A relação com o samba, com a comunidade e com as tradições da festa popular parecem mais caras a essa juventude. Eles reconhecem as escolas como polos de pensamento, como espaço de manifestação sociocultural. Como consequência, os enredos sofreram uma sensível melhora em relação a outros carnavais, resultando em ótimas safras de samba nos últimos anos.

LEONARDO — E olha que sintomático: até nessa evolução, o carnavalesco ocupa um lugar de centralidade. Ele é tão poderoso dentro da engrenagem que esse olhar atento às tradições tem que vir dele, porque me parece a única figura capaz de realmente promover mudanças dentro de uma agremiação.

RACHEL — E tem um ponto importante nesse movimento: escolas como Mangueira e Grande Rio perceberam que o modelo de disputas de samba estava falido e começaram a pensar em novas formas de fazer seus concursos internos. Reduziram os custos para diminuir a influência do poder financeiro na competição; os sambas têm suas gravações feitas pela própria escola e o período de disputas foi reduzido.

GUSTAVO — Essas são medidas fundamentais, porque você permite que o compositor sem essa estrutura "empresarial" por trás possa participar, com chances reais dentro da disputa. O processo fica menos desigual e assim mais gente tem oportunidade de que seu samba-enredo ganhe.

RACHEL — Eu gosto de ouvir isso, Gustavo, porque, se nós falamos que Aluísio Machado, David Corrêa e Hélio Turco são representantes de um modelo que está se encerrando, temos que pensar nos modelos que queremos para o futuro. Mirar à frente com esse olhar de quem acompanhou as mudanças e percebeu o que elas trouxeram de positivo e de negativo. Porque a cultura popular vai se transformando, ela não é estática. Projetos de salvaguarda de patrimônios existem justamente por isso, para evitar que as transformações sejam determinadas por fatores externos a ela. Se algum movimento não for feito no sentido de preservar os traços das nossas riquezas culturais, elas podem ser brutalmente descaracterizadas. E tudo que a gente não quer é que o samba-enredo se perca no caminho.

LEONARDO — O foco tem que ser exatamente na formação dos novos compositores. A gente precisa de gente jovem fazendo samba-enredo, escrevendo, disputando nas quadras, renovando a linguagem do Carnaval. É isso que vai permitir a sustentabilidade da festa a longo prazo. Para que nas décadas futuras mais gente se apaixone pelas escolas de samba, como nós. E também para que lá na frente surjam outros livros como este, mas protagonizados pelos compositores de hoje, que terão se tornado os próximos grandes mestres nessa arte.

GUSTAVO — Torço muito para que as próximas gerações sintam a mesma alegria que eu senti quando minha mãe cantou "Imagens poéticas de Jorge de Lima", na década de 70. Aquele menino se encantou e nunca mais largou do samba-enredo. E olha que isso já faz quase 50 anos! De lá pra cá, eu devo ter ouvido e decorado uns 15 sambas ou mais a cada Carnaval... Olha a quantidade de obras que eu escutei! Daqui a pouco eu chego aos mil sambas!

RACHEL — Olha, vocês vão me desculpar, meus amigos, mas no meu caso eu vou me permitir não fazer essa conta!

LEONARDO — Que tal, então, a gente contar as histórias dos nossos três personagens? Protagonistas da arte de fazer samba-enredo, mestres nesta música carregada de brasilidade, expoentes máximos de Império Serrano, Portela e Mangueira, instituições que são verdadeiras joias da nossa cultura.

GUSTAVO — Que venham Aluísio Machado, David Corrêa e Hélio Turco! Vamos ouvir esses bambas, porque temos muito a aprender com eles!

RACHEL — Sem dúvida. Porque, apesar de nossos temores e incertezas quanto ao que está acontecendo neste momento com o samba-enredo, ele ainda nos encanta. A cada ano esperamos ansiosamente a nova safra, e lá estarão obras-primas saídas da imaginação dessas cabeças abençoadas. Quando ouço gente saudosista dizer que não acompanha mais os desfiles porque não se fazem mais sambas como os de antigamente, fico feliz de ainda ser capaz de me maravilhar com as fantásticas criações que aparecem a cada ano. O pessimismo acompanha a trajetória das escolas de samba desde sempre: o discurso de que elas estariam acabando porque não são mais o que eram é muito triste. Bom é conversar com vocês e chegarmos à conclusão de que, justamente porque estão mudando e se renovando, elas não vão acabar nunca. Vivam o samba-enredo e seus poetas! Vida longa para o samba do Rio de Janeiro!

* * *

Sambas-enredo citados e seus autores:

"Exaltação a Tiradentes", Império Serrano, 1949 (Mano Décio da Viola, Penteado e Estanislau Silva).
"Brasil, fonte das artes", Salgueiro, 1956 (Djalma Sabiá, Caxinê e Nilo Moreira).
"Xica da Silva", Salgueiro, 1963 (Anescarzinho do Salgueiro e Noel Rosa de Oliveira).
"Aquarela brasileira", Império Serrano, 1964 (Silas de Oliveira).
"Os cinco bailes da história do Rio", Império Serrano, 1965 (Silas de Oliveira, Bacalhau e Dona Ivone Lara).
"O mundo encantado de Monteiro Lobato", Mangueira, 1967 (Hélio Turco, Luiz, Batista da Mangueira e Darci da Mangueira).
"Carnaval de ilusões", Vila Isabel, 1967 (Gemeu e Martinho da Vila).
"Quatro séculos de modas e costumes", Vila Isabel, 1968 (Martinho da Vila).

"Heróis da liberdade", Império Serrano, 1969 (Silas de Oliveira, Manuel Ferreira e Mano Décio da Viola).
"Bahia de todos os deuses", Salgueiro, 1969 (Bala e Manuel Rosa).
"Iaiá do cais dourado", Vila Isabel, 1969 (Martinho da Vila e Rodolpho).
"Glórias gaúchas", Vila Isabel, 1970 (Martinho da Vila).
"Lendas e mistérios da Amazônia", Portela, 1970 (Jabolô, Catoni e Waltenir).
"Festa para um rei negro", Salgueiro, 1971 (Zuzuca).
"Onde o Brasil aprendeu a liberdade", Vila Isabel, 1972 (Martinho da Vila).
"Martim Cererê", Imperatriz Leopoldinense, 1972 (Zé Katimba e Gibi).
"Alô... Alô...Taí Carmen Miranda", Império Serrano, 1972 (Wilson Diabo, Heitor Rocha e Maneco).
"Lendas do Abaeté", Mangueira, 1973 (Jajá, Preto Rico e Manuel).
"O rei de França na Ilha da Assombração", Salgueiro, 1974 (Zé Di e Malandro).
"O segredo das minas do rei Salomão", Salgueiro, 1975 (Nininha Rossi, Dauro Ribeiro, Zé Pinto e Mário Pedra).
"Imagens poéticas de Jorge de Lima", Mangueira, 1975 (Tolito, Mozart e Delson).
"Macunaíma, o herói de nossa gente", Portela, 1975 (David Corrêa e Norival Reis).
"Os sertões", Em Cima da Hora, 1976 (Edeor de Paula).
"No reino da Mãe do Ouro", Mangueira, 1976 (Tolito e Rubens da Mangueira).
"Domingo", União da Ilha, 1977 (Aurinho da Ilha, Waldir da Vala, Adhemar Vinhaes e Ione do Nascimento).
"O amanhã", União da Ilha, 1978 (João Sérgio).
"O que será", União da Ilha, 1979 (Didi e Aroldo Melodia).
"Das maravilhas do mar fez-se o esplendor de uma noite", Portela, 1981 (David Corrêa e Jorge Macedo).

"É hoje", União da Ilha, 1982 (Didi e Mestrinho).

"Bum bum paticumbum prugurundum", Império Serrano, 1982 (Aluísio Machado e Beto Sem Braço).

"De alegria cantei, de alegria pulei, de três em três, pelo mundo rodei", Vila Isabel, 1986 (David Corrêa e Jorge Macedo).

"Brazil com Z não seremos jamais, ou seremos?", Caprichosos de Pilares, 1986 (Almir de Araújo, Balinha, Marquinho Lessa, Hercules e Carlinhos de Pilares).

"Cama, mesa e banho de gato", Unidos da Tijuca, 1986 (Carlinhos Anchieta, Vicente das Neves, Manelzinho Poeta e Azeitona).

"Caymmi mostra ao mundo o que a Bahia tem e a Mangueira também", Mangueira, 1986 (Ivo Meirelles, Paulinho e Lula).

"No reino das palavras, Carlos Drummond de Andrade", Mangueira, 1987 (Rody, Verinha e Bira do Ponto).

"Kizomba, festa da raça", Vila Isabel, 1988 (Rodolpho, Jonas e Luiz Carlos da Vila).

"Ratos e urubus, larguem minha fantasia", Beija-Flor, 1989 (Betinho, Glyvaldo, Zé Maria e Osmar).

"Liberdade, liberdade, abre as asas sobre nós", Imperatriz Leopoldinense, 1989 (Niltinho Tristeza, Preto Jóia, Vicentinho e Jurandir).

"Mitologia, astrologia, horóscopo, uma benção para o Carnaval brasileiro", Unidos do Jacarezinho, 1989 (Barbeirinho, Jorge Pi, Serginho da Banda, Macambira, Batista e Lucio Bacalhau).

"Pauliceia desvairada", Estácio de Sá, 1992 (Djalma Branco, Déo, Maneco e Caruso).

"Peguei um Ita no Norte", Salgueiro, 1993 (Demá Chagas, Arizão, Celso Trindade, Bala, Guaracy).

"Amor, sublime amor", Unidos do Viradouro, 1993 (Heraldo Faria, Flavinho Machado e Gelson).

"Os santos que a África não viu", Grande Rio, 1994 (Helinho 107, Rocco Filho, Roxidiê, Mais Velho, Marquinhos e Pipoca).

"Gosto que me enrosco", Portela, 1995 (Noca da Portela, Colombo e Gelson).

"Minha língua é minha pátria, Mangueira, meu grande amor", Mangueira, 2007 (Lequinho, Junior Fionda, Aníbal e Amendoim).

"Áfricas — Do berço real à corte brasiliana", Beija-Flor, 2007 (Cláudio Russo, J. Velloso, Gilson Doutor e Carlinhos do Detran).

"E o povo na rua cantando... É feito uma reza, um ritual", Portela, 2012 (Wanderley Monteiro, Luiz Carlos Máximo, Toninho Nascimento e Naldo).

"A Vila canta o Brasil, celeiro do mundo", Vila Isabel, 2013 (Martinho da Vila, Arlindo Cruz, André Diniz, Leonel e Tunico da Vila).

"Axé Nkenda: Um ritual de liberdade", Imperatriz Leopoldinense, 2015 (Marquinho Lessa, Zé Katimba, Adriano Ganso, Jorge do Finge e Aldir Senna).

"Nas veias do Brasil, é a Viradouro em um dia de graça", Unidos do Viradouro, 2015 (Luiz Carlos da Vila).

"Meu Deus, meu Deus, está extinta a escravidão?", Paraíso do Tuiuti, 2018 (Cláudio Russo, Moacyr Luz, Jurandir, Zezé e Aníbal).

"Monstro é aquele que não sabe amar: Os filhos abandonados da pátria que os pariu, Beija-Flor, 2018 (Di Menor BF, Kiraizinho, Diego Oliveira, Bakaninha Beija Flor, JJ Santos, Julio Assis e Diogo Rosa).

"História para ninar gente grande", Mangueira, 2019 (Deivid Domênico, Tomaz Miranda, Mama, Marcio Bola, Ronie Oliveira, Danilo Firmino, Luiz Carlos Máximo e Manu da Cuíca).

"O que é, o que é", Império Serrano, 2019 (Gonzaguinha).

"Viradouro de alma lavada", Unidos do Viradouro, 2020 (Cláudio Russo, Paulo César Feital, Diego Nicolau, Júlio Alves, Dadinho, Rildo Seixas, Manolo, Anderson Lemos e Carlinhos Fionda).

"Tata Londirá: O canto do caboclo no quilombo de Caxias", Grande Rio, 2020 (Derê, Robson Moratelli, Rafael Ribeiro e Toni Vietnã).

2. ALUÍSIO MACHADO
Se mete com ele...

RACHEL VALENÇA

Não é do cidadão Alcides Aluísio Machado, nascido em Campos dos Goytacazes em 13 de abril de 1939, que falaremos aqui. Este já tem biografia publicada em livro,[1] já tem vídeo, já tem depoimento gravado no Museu da Imagem e do Som e no Museu do Samba. Nosso homenageado é "internacionalmente desconhecido como Aluísio Machado", como ele próprio costuma se apresentar, apelando para um dos muitos paradoxos a que adora recorrer e que se tornaram marca registrada de sua criação.

Aluísio Machado, compositor do Grêmio Recreativo Escola de Samba Império Serrano, com 14 composições de sua autoria vitoriosas em disputas de samba-enredo na escola e consequentemente cantadas na Avenida, sendo seis delas agraciadas com o Estandarte de Ouro de Melhor Samba-Enredo, este, sim, nos motiva a escrever.

Aluísio chega ao Rio com pouco mais de um ano. De Campos dos Goytacazes só ficou o registro na certidão de nascimento. A família, composta por pai, mãe e seis irmãos mais

---

1. Leitão, Luiz Ricardo. *Aluísio Machado: Sambista de fato, rebelde por direito.*

velhos, veio em busca de oportunidades de trabalho e de uma vida melhor. Fixaram-se em Ricardo de Albuquerque. Aos 14 anos, o caçula abandona os estudos em escola pública e começa a trabalhar para ajudar na renda familiar. Primeiramente, foi ajudante do pai, pedreiro. Um ano depois, torna-se aprendiz de estofador, de um estofador muito especial, o compositor Osório Lima, que viria a ser parceiro de Mano Décio da Viola, 10 anos depois, no magnífico samba "Meu delírio", que mais tarde seria regravado com o título "Obsessão", sobre a inspiração que leva um sambista a compor. Teria sido Osório uma influência musical em sua carreira? Aluísio nega, pois lembra que na escola pública que frequentou já fazia música. Sua primeira composição, "A carta", nada mais era que um bilhetinho musical para uma namorada.

Em seu depoimento ao Museu do Samba em 2009, Aluísio assim explica como lhe surgiu a vocação, a inspiração:

> É difícil explicar, sabe? Eu sei que eu absorvo uma palavra que vocês falam, conversam aí. Eu vou embora e fica aquilo, dali eu desenvolvo. Ninguém sabe que partiu dali. Nem tudo parte da gente, a gente capta o que soa bem aos ouvidos e faz um trabalho. Muitas vezes vem de mim mesmo, a gente cria, entendeu?

Por essa época, o irmão mais velho, Milton, começa a desfilar no Império Serrano. Aluísio queria segui-lo, mas, menor de idade, era enxotado de volta para casa, às vezes até com cascudos. Apaixonado por tudo que via na escola, pegou nos guardados do irmão uma fantasia do desfile do ano anterior, vestiu-a e foi desfilar. Era no tempo em que o desfile das escolas era limitado por corda, ele ficou segurando a corda do lado de fora e assim que pôde passou para o lado de dentro. Enfim, fazia parte! Mas ao atento Mestre Fuleiro, diretor de harmonia da escola, não escapou o detalhe da fantasia do ano anterior e logo veio a ordem:

— Pra trás da corda!

Apesar de tudo isso — ou quem sabe por isso mesmo — estava selada a grande paixão. Mas no Império Serrano, escola estruturada e com inúmeros títulos na década de 1950, não encontrava espaço para suas habilidades. Pois, além de compor, Aluísio dançava bem, fazia seus passos de mestre-sala, e isso acabou lhe valendo a indicação para desfilar, em 1963, na Imperatriz Leopoldinense, escola recém-fundada que despontava na época, ainda no segundo grupo. Pouco antes do Carnaval, o mestre-sala e a porta-bandeira da escola de Ramos se desentenderam e Aluísio ocupou a vaga. Não tinha remuneração, mas ganhava a fantasia completa, bem mais do que o Império lhe oferecia na época.

Sua convivência, sua casa, era, no entanto, o Império Serrano, onde a sensibilidade de poeta logo detectou a genialidade de Silas de Oliveira, em seu período mais fértil como compositor, tendo sido vencedor da disputa interna da escola entre 1964 e 1969, ininterruptamente.

Fiz tudo no Império. E eu tava sempre atrás do meu ídolo, que era Silas de Oliveira, que andava muito com Walter Rosa. E eu, sempre que podia, estava atrás dele. Porque eu gostava das mensagens que ele passava, entendeu? Ele, já naquela época, ele estava cem anos na frente. Não sei se cem anos é exagero, mas ele já dizia as coisas lá na frente.

O compositor Walter Rosa, companheiro de Silas em rodas de samba, era portelense e acabou convencendo Aluísio a aceitar o convite de Natal, patrono da escola azul e branca, para sair na escola como passista.

Fiz umas graças de passista, o Natal me chamou. O Império nunca teve dinheiro, até hoje. Aí, o Natal chamou a mim, Celsinho, Trajano e Pintinho. Eu saí pela primeira vez na Rio Branco, o ano em que todo mundo saiu na Rio Branco.

Para a pequena escola Unidos do Araçá, da localidade onde morava, dessas que se limitam a desfilar no bairro, Aluísio compôs o samba "Viagem através do Brasil", livremente inspirado na "Aquarela brasileira" de Silas de Oliveira, de 1964. Influência nascida de admiração e atenção:

É, comecei a andar, a ouvir os negócios dele. Eu fiquei amarrado, parece que eu absorvi. Porque isso ninguém ensina a ninguém, entendeu? Mas eu comecei a absorver a forma de ele escrever.

"Nascido para rosetar", como o definiu seu biógrafo Luiz Ricardo Leitão, Aluísio só sossegou um pouco quando conseguiu finalmente, em 1965, ingressar na Ala de Compositores do Império Serrano. Não era fácil. Bem diferente do que acontece hoje em dia, em que as alas são abertas, naquela época os candidatos tinham de comprovar sua capacidade criando sambas ali na hora, além, é claro, de provar seu pertencimento à escola. Foi por ocasião da visita da Miss Guanabara Vera Lúcia Couto, primeira mulher negra a concorrer ao título de Miss Brasil, à quadra do Império Serrano que Aluísio se sentiu inspirado a compor um samba em sua homenagem.

Apesar do grande desejo que tinha de ser aceito na ala lado a lado de Silas, Mano Décio e tantos outros bambas, Aluísio não sossegava. Participava de rodas de samba, cantava em casas noturnas e frequentemente não chegava aos ensaios da escola a tempo de cantar. Às reuniões também não era assíduo. Ainda não compunha samba-enredo, porque preferia escrever sobre o que lhe viesse à cabeça. Com isso, era ironizado pelos outros compositores com frases como "Chegou o artista...". Tendo já um repertório considerável de sambas inspirados, aparecia nos jornais e em revistas, em notas elogiosas a seu trabalho. Isso causava mal-estar entre os colegas. A gota d'água foi a instituição do livro de ponto para que compositores comprovassem sua presença nas atividades da escola.

Nas famosas Noitadas de Samba do Teatro Opinião, havia se tornado muito próximo do colunista de samba Waldinar

Ranulpho, que era admirador de seu talento. Foi Ranulpho quem lhe abriu as portas da Vila Isabel, e, em 1972, lá estava Aluísio fazendo parte da ala de compositores que abrigava nomes como Martinho da Vila, Paulo Brazão, Rodolpho, Graúna e tantos outros. Cheio de animação e esperança, seu samba para o enredo "Zodíaco do samba" fica entre os quatro finalistas, um feito e tanto para um novato. Também num festival de sambas de terreiro da escola ganhou vários troféus. Mas depois disso, e ao longo da década, nada aconteceu. Ainda não seria naquele momento que surgiria o inspirado compositor de sambas-enredo.

Já a carreira de compositor ia às mil maravilhas. Várias casas de samba o acolheram, participou do programa *A Grande Chance*, na TV Tupi, o que lhe valeu a gravação do primeiro e único LP de sua vida, *Apesar dos pesares*. Como ele conseguia conciliar tantos compromissos artísticos com as obrigações de funcionário dedicado do Tribunal Marítimo, onde batia ponto diariamente? Havia ainda a famosa Casa de Bamba, nas noites de sexta-feira, onde era presença obrigatória. Em 1974, no primeiro LP da Ala de Compositores da Vila Isabel, Aluísio é convidado a participar, ao lado das cabeças coroadas da escola.

Mas a expectativa de ser campeão de samba-enredo, num momento em que já começa a haver até mesmo compensação financeira com o advento das gravações em disco, era frustrada a cada ano. Não que ele não compusesse bons sambas. Mas o fato é que a turma da Vila era muito boa e também ciosa de sua prevalência sobre quem não era de lá. Na definição de Aluísio, "eram muito bairristas".

No exato momento em que começa a perceber que seu tempo de Vila Isabel havia se cumprido e que nada mais tinha a esperar ali, além de simpatia, amizade e camaradagem, vem o convite para retornar ao Império Serrano. A escola amargava uma última colocação no Carnaval de 1981 e vivia uma crise política sem precedentes. Foi convocado para assumir a presidência o carismático Jamil Salomão Maruff, o Cheiroso, antigo na escola, que em pouco tempo conseguiu reverter a situação. Dedicado ao comércio pesqueiro, tinha temperamento agregador e capacidade de liderança e sabia o que era bom para o Império.

Por exemplo: tendo conhecido Aluísio Machado há tantos anos na sua escola, sabedor e admirador de seu talento, como deixá-lo de fora? Correu atrás e convenceu-o a voltar. No fundo era o que Aluísio mais queria. Ficara 10 anos sem pisar na quadra do Império Serrano, mas o amor não arrefecera. Confessa, sem rodeios, haver sofrido com o afastamento.

Jamil trouxe também de volta outro compositor que estava no "exílio" em Vila Isabel: Beto Sem Braço. Só que Beto não fazia parte da ala de compositores, não compôs nenhum samba-enredo, dedicava-se ao partido-alto e era mais ligado à bateria. Trabalhava em feiras livres e era de lá que Jamil o conhecia. Apreciava seu talento e o trouxe para o Império. Quando os dois retornados se apresentam na ala de compositores, a sinopse do enredo já havia sido entregue e as parcerias, formadas.

A única opção era se juntarem para o desafio. Nas palavras de Aluísio: "Aí foi aquele estrago!"

O título original do enredo, "Praça Onze, Candelária e Sapeca Aí", tinha sido dado por seu autor, Fernando Pamplona, carnavalesco com origem na Escola de Belas Artes, que despontara no Salgueiro na década de 1960, revolucionando os desfiles de escolas de samba. Cheiroso o admirava, mas Pamplona não era um profissional, trabalhava no Salgueiro por amor. Não existia em seu horizonte a possibilidade de servir a outra bandeira. Acontece que Jamil tinha lábia e, no dizer do próprio Pamplona, "o sorriso mais simpático do samba".[2] Junto com o enredo, Pamplona indicou também duas ex-alunas da Escola de Belas Artes, Rosa Magalhães e Lícia Lacerda.

As jovens estreantes gostaram do enredo, mas Rosa implicou com o título. O trocadilho Sapeca aí/ Sapucaí não lhe parecia de bom gosto. Foi pesquisar a fundo o tema, as três fases da trajetória das escolas de samba, e encontrou, no livro *As escolas de samba: O quê, quem, como, quando e por quê*, do jornalista Sérgio Cabral, numa entrevista de Ismael Silva, sambista pioneiro, fundador da primeira escola de samba, a onomatopeia com que descreve o andamento do samba para desfile:

> Eu comecei a notar que havia essa coisa. O samba era assim: *tan tantan tan tantan*. Não dava. Como é que um bloco ia andar na

---

2. Pamplona, Fernando. *O encarnado e o branco*, p. 146.

rua assim? Aí a gente começou a fazer um samba assim: *bum bum paticumbum prugurundum*.³

Este era o título ideal, segundo as carnavalescas, para o enredo, que pretendia descrever justamente a história que começava ali. Minutos antes da entrega da sinopse houve a alteração. Aluísio confessa:

> Foi aí que eu fiquei sabendo o que é uma onomatopeia. Não é pra qualquer um, né? Não, onomatopeia não é, não, vagabundo vai no dicionário. É, se o gato disser "miau" e você disser "miau", você está imitando com a boca o som de alguma coisa, não é isso? Então, nós fizemos o samba e tivemos a sorte de ser mais felizes. Porque ninguém botou esse "bum bum praticundum prugurundum", ninguém. É falar certo, botar dentro da divisão e dar certo. Porque o samba é grande, difícil.

Os prazos para a entrega do samba estavam apertados, e os parceiros tinham agendas muito diferentes, que na realidade eram o reflexo de duas vidas quase opostas. Aluísio era servidor público, arquivista do Tribunal Marítimo, e tinha a vida regulada pela obrigação do ponto. Beto era feirante e dono de seu tempo, "bicho solto" metido às vezes em "paradas" não muito canônicas. Aluísio relembra:

---

3. Cabral, Sérgio. *As escolas de samba: O quê, quem, como, quando e por quê*, p. 28.

Nós fizemos o bruto mais ou menos em uma semana. Pra dizer mesmo, em dez dias nós fizemos.

Beto Sem Braço tinha fama de temperamento difícil e explosivo, o que viria a ser comprovado em sua permanência de pouco mais de dez anos na escola, até sua morte, em 1993. Vários episódios de conflitos envolveram seu nome nesse período. No entanto, Aluísio não se lembra de ter havido atritos na elaboração do samba, feito em sua maior parte no interior do ônibus da linha 268, nas quase duas horas de viagem entre a praça Quinze, onde trabalhava, e a casa de Beto Sem Braço, em Curicica:

Não, ele me ouvia muito, na hora de caneta ele me ouvia muito. Tanto que ele não queria botar "superescolas de samba S.A.", porque ia machucar o Joãosinho Trinta e o Anísio não ia gostar. Mas jogo é jogo, entendeu? Não tem nada disso, não. E aí botamos, ele aceitou, achou bonito.

Curioso que, nesse episódio, os temperamentos e as atitudes parecem inverter-se: enquanto o rebelde Beto Sem Braço revela prudência e certo temor de mexer com os poderosos, o discreto Aluísio assume atitude desabrida e parte para o enfrentamento a fim de defender sua posição. Ora, essa atitude não espanta, ela é coerente com sua trajetória de contestador tantas vezes presente em seus sambas até então, a ponto de ter sido até questionado pela rígida censura do regime ditatorial em que se vivia na época. Por trás do cidadão pacato estava um espírito crítico e observador, uma fina inteligência contestadora.

Mas não era suficiente descobrir o que era uma onomatopeia para desenvolver bem o enredo. Como falar de forma clara, criativa e poética dos três lugares que foram palcos da ascensão do samba? Pra quem é bamba, pra quem tem a vivência do samba, é assim que se resolve:

> Nós ficamos muito à vontade, não ficamos muito presos à sinopse, àquela lauda dela. "De uma barrica se fez uma cuíca...", por exemplo, não está na sinopse, nós é que botamos. Porque naquele tempo era com uma barriquinha mesmo. Os tamborins tinham que esquentar, faziam fogo no jornal e tinham que esquentar.

Aluísio lembra ainda do momento em que concluíram a composição:

> Na casa dele, eu ia pra casa dele. Mas ele era mais melodia, entendeu? Era da roça, calangueado. E eu mais letra, eu sou mais letrista. Mas ele era uma figura que eu vou te contar:
> — Nós vamos ficar ricos! Nós vamos ficar ricos!
> — Calma!

De fato, não ficaram ricos. Ganharam folgadamente a disputa na escola, pois o samba caiu nas graças de baianas, bateria, passistas, velha guarda, enfim, de toda a escola. [E tomo a liberdade de contar que foi naquela manhã que nascia, depois de a bateria ter ido para a rua em frente à quadra comemorar a escolha, que fui apresentada a Aluísio Machado, sentado no meio-fio, com um prato de sopa nas mãos.] Viram o samba tomar conta da cidade antes mesmo do Carnaval.

> O samba-enredo "Bum bum paticumbum prugurundum", de Aluísio Machado e Beto Sem Braço, fez tanto sucesso que ganhou vários adjetivos, como antológico, épico, eterno, inesquecível. [...] Esse samba foi o mais executado no Carnaval de 1982, superando todos os sambas-enredo com larga vantagem e até as marchinhas de Carnaval mais famosas. Foi o primeiríssimo lugar, de acordo com o ECAD, e nenhum samba conseguiu realizar tal façanha.[4]

E viram, sobretudo, o samba ser o responsável incontestepela vitória da escola:

> E em pleno meio-dia na Avenida, onze e meia, um sol do cacete, e o pessoal, o povão lá da rua jogando água na gente. Tinha gente que jogava nos pés, porque aqueles sapatos feitos pra Carnaval tinham a solinha fininha. Eu sei que a gente não veio com essa roupa toda, mas o samba ganhou o Carnaval, não leva a mal, não.

---

4. Silva, Misael. *Na batida do Bum bum paticumbum prugurundum*, p. 51.

Pura verdade. A arquibancada cantava com empolgação, os componentes se emocionavam. Era a consagração. Também, pudera: um samba clássico, por respeitar a estrutura épica, preparando o ouvinte, na primeira estrofe, para o que seria cantado: "Enfeitei meu coração [...] abracei a Coroa Imperial/ Fiz meu Carnaval/ Extravasando toda a minha emoção". Só então se passa à primeira parte do enredo, "Oh, Praça Onze, tu és imortal", depois à segunda, "E passo a passo no compasso/ O samba cresceu/ Na Candelária construiu seu apogeu", e finalmente à terceira, "Superescolas de samba S.A.", equivalente à fase da Marquês de Sapucaí. Tudo simples assim. Fácil de entender, fácil de cantar.

Mas o samba não chegaria ao coração apenas de sambistas: o poeta Carlos Drummond de Andrade, por exemplo, em crônica publicada no jornal *O Estado de S. Paulo* em 18 de fevereiro de 1982, pouco antes do Carnaval, intitulada "Paticumbum, Prugurundum", define o título do samba como "formidável onomatopeia". E, passados tantos anos, o pesquisador acadêmico Bruno Carvalho termina seu livro *Cidade porosa: Dois séculos de história cultural do Rio de Janeiro*, publicado em 2019, com reminiscência em que a curiosidade infantil foi despertada pela letra descritiva da saga do samba carioca em sua busca por reconhecimento e aceitação.

Não foi sem motivo, portanto, que a dupla, recém-chegada à escola, ganha enorme popularidade e respeito. A inesperada parceria dera certo. Estreantes na Avenida com obra de sua autoria, conquistam o prêmio Estandarte de Ouro de Melhor

Samba-Enredo, conferido pelo jornal *O Globo* desde 1972. Era uma consagração.

Nos preparativos para o Carnaval de 1983, apesar da mudança de carnavalesco, a escolha do enredo também coube a Fernando Pamplona: "Mãe baiana mãe" homenagearia as matriarcas do samba, responsáveis por sua difusão e preservação.

A parceria campeã se mantém e se dedica à criação de um samba, que Aluísio considera até hoje superior ao "Bum bum paticumbum prugurundum". Nele, é possível, a partir do depoimento de Aluísio, saber com exatidão o que cada um fez: a segunda parte do samba foi feita por Beto Sem Braço: "Baiana, baianinha boa/ Seu requebro me enfeitiçou/ etc." Já Aluísio faz a primeira parte: invocação e proposição épicas, tais como as que vimos acima no samba de 1982:

> Abre as portas, ó Folia
> Venho dar vazão
> À minha euforia
> A musa se vestiu de verde e branco
> E o pranto se fez canto
> Na razão do dia a dia
>
> "Mãe baiana mãe", 1983 (Aluísio Machado e Beto Sem Braço)

O samba prossegue com aquela busca de proteção no colo materno, onde é possível isolar a dor. Dor e pranto, presentes nesse samba, nos reportam ao "Manda a tristeza embora/ É

Carnaval, é folia/ Neste dia ninguém chora", do samba do ano anterior. Não importa qual é o enredo, de que assunto se deve falar: nas entrelinhas da alegria do Carnaval está sempre a gota de tristeza atávica que impregna o canto da negritude. Observação de inúmeros estudiosos do gênero: no bom samba sempre está presente a dor. O sambista e escritor Haroldo Costa, por exemplo, em brilhante palestra no Centro Cultural Banco do Brasil, num ciclo de debates dedicado ao samba-enredo, em 2015, ensinou:

> O poeta Olavo Bilac afirmou, num poema, que a nossa música é o resultado de três raças tristes. No que diz respeito ao samba-enredo, sempre defendo que a sua gênese está nos porões dos navios negreiros, na melancolia que a incerteza provocava nas identidades raspadas pela brutalidade. Eram as raízes do samba-enredo, porque a história teria que ser contada.

O refrão do meio, com citações ao candomblé, também é de Aluísio. A religiosidade de matriz africana passou a fazer parte de sua vida desde que, muito jovem, aos 16 anos, participou do grupo de teatro e dança folclórica denominado Teatro Popular Brasileiro, com Solano Trindade e Mercedes Baptista, onde o candomblé tinha importante papel.

O carnavalesco Renato Lage, recém-chegado à escola, foi feliz no desenvolvimento do enredo de Pamplona e o resultado é um lindo desfile. Nada da irreverente alegria do ano anterior: o tom é lírico, de pura emoção. O samba-enredo foi um dos grandes trunfos da escola, que buscava, eufórica, o bicampeonato. Apesar de ter desfilado sob gritos de "bicampeã" quase todo o tempo, a escola teve que se contentar com um discreto terceiro lugar.

A dupla de compositores, no entanto, não teve do que se queixar: o samba recebe o Estandarte de Ouro de Melhor Samba-Enredo. O segundo prêmio de seus autores, em dois anos de Avenida.

Para o Carnaval de 1984, tudo parecia em ordem: Pamplona sugere o enredo "Foi malandro é", sobre as malandragens e espertezas que rechearam a história do Brasil, e mais uma vez Renato Lage o desenvolve. Seria de esperar que a dupla de compositores campeoníssima assinasse mais um samba da escola, mas de forma surpreendente a comissão julgadora dá a vitória ao samba do compositor Bicalho, oriundo do Salgueiro, um policial lotado no porto de Santos que frequentava a quadra esporadicamente e gostava de oferecer presentes resultantes da apreensão de contrabando, como relógios, bebidas e até aparelhos de televisão. Hoje, passados tantos anos, Aluísio não contemporiza, declara com todas as letras: "Bicalho comprou a vitória."

Acontece que o samba era horrível. Longo demais, segundo Aluísio "um rascunho da Bíblia", e difícil de cantar. Aluísio recorda que, depois da escolha, ele e Beto foram levados por Jamil à casa do jornalista Sérgio Cabral, em Copacabana, para "colocar o samba no lugar", mas não foram incluídos na parceria.

Mesmo após o "jeitinho", o samba não agradou. Pamplona, com sua sinceridade crua, declarou a um jornalista: "A música e a letra são muito ruins. Não têm nada a ver com o enredo."

No ano seguinte, 1985, o samba-enredo "Samba, suor e cerveja, o combustível da ilusão" leva apenas uma assinatura: Beto Sem Braço. Por onde andava o parceiro inseparável, de simbiose perfeita? A dupla se desfizera, minada por uma conversa atravessada num salão de beleza feminino. A ex-mulher de Aluísio, Celina, passista do Salgueiro, declarou que o pai de sua filha Andréa era na verdade quem fazia letra e melodia nos sambas da parceria, que ele era o "caneta" e o Beto não fazia nada. O comentário chegou aos ouvidos de Beto, que, enfurecido, no dia seguinte procurou o parceiro e fulminou-o: "Faz o teu que eu vou fazer o meu e vamos ver quem é o melhor."

De nada adiantou Aluísio afirmar que não dissera nada daquilo e que não tinha culpa no ocorrido: Beto estava irredutível. Com isso, a quadra pôde ter, durante a disputa daquele ano, dois sambas excelentes. Aluísio se uniu ao jovem compositor Luiz Carlos do Cavaco e ao veterano Jorge Nóbrega e seu samba tinha enorme torcida na quadra. Mas Beto não estava pra brincadeira. Seu samba era ótimo e ele entrou com tudo na quadra, disposto a vencer.

O fator decisivo, porém, foi a preocupação do carnavalesco em não fazer do enredo uma apologia à bebida. Ora, o samba de Aluísio, cantado com euforia na quadra, dizia em seu refrão final:

Quem não bebe morre
Vou tomar um porre pra sobreviver

Samba concorrente "Samba, suor e cerveja, o combustível da ilusão", 1985
(Aluísio Machado, Luiz Carlos do Cavaco e Jorge Nóbrega)

Com isso, o samba de Beto Sem Braço foi o vencedor, muito bem aceito pela comunidade imperiana. Aluísio supôs que essa vitória aplacaria a mágoa do antigo parceiro. Afinal, ela podia servir de comprovação de que Beto não precisava de Aluísio para compor um grande samba, como maldosamente fora dito. Mas ainda não foi para o Carnaval de 1986 que a dupla voltou a compor junta. Só que, diferentemente do ano anterior, 1986 seria o ano de Aluísio. Em nova parceria com Luiz Carlos do Cavaco e o economista Jorge Nóbrega, Aluísio produziu mais uma obra-prima, dessas que não envelhecem.

Renato Lage e sua mulher, a também carnavalesca Lilian Rabelo, naquele momento sua parceira de trabalho, haviam proposto um enredo político, que abordava, sob o título "Eu quero", todas as aspirações do povo brasileiro ao se encerrar um longo período de ditadura violenta. O tema não poderia ser mais propício ao contestador Aluísio Machado. A letra desse samba tem sua marca indelével:

Eu quero a bem da verdade
A felicidade em sua extensão
Encontrar o gênio em sua fonte

E atravessar a ponte
Dessa doce ilusão
[...]
Me dá, me dá
Me dá o que é meu
Foram vinte anos que alguém comeu

"Eu quero", 1986 (Aluísio Machado, Luiz Carlos do Cavaco e Jorge Nóbrega)

O samba venceu com facilidade a disputa na quadra. Em plena euforia da vitória consagradora, Aluísio vê subir ao palco o antigo parceiro, Beto Sem Braço, que canta com ele o samba e o cumprimenta com uma frase emblemática: "Samba político ninguém se mete contigo..." Era a reconciliação e também o nascimento do bordão adotado por Aluísio em tom desafiador, nas mais variadas circunstâncias: "Se mete comigo..."

O samba, trilha sonora de um lindo desfile, daria à escola um terceiro lugar e a Aluísio o terceiro Estandarte de Ouro de Melhor Samba-Enredo de sua carreira. Mais do que isso, daria aos compositores a honraria do cumprimento do governador do estado do Rio de Janeiro, Leonel Brizola, como conta Luiz Ricardo Leitão, biógrafo do compositor:

> Não foi surpresa para muitos que no badalado Desfile das Campeãs, no sábado seguinte ao Carnaval, Brizola fizesse questão de sair do seu camarote e descer até a pista, para cumprimentar os autores da obra-prima. Era uma deferência especial do governador

ao Império Serrano, que, a despeito da bela apresentação, obtivera apenas o terceiro lugar no Grupo Especial (uma das melhores colocações da escola na década, só inferior ao título de 1982). É fato que a campeã de 1986 tinha sido a Mangueira (o xodó de Darcy Ribeiro), cabendo à Beija-Flor o vice-campeonato, mas nenhuma das duas recebeu de Leonel Brizola o mesmo carinho que este demonstrou pela obra inspiradíssima de Aluísio Machado, Luiz Carlos do Cavaco e Jorge Nóbrega.[5]

O refrão do meio, "Me dá, me dá, me dá o que é meu", era o grito preso na garganta do povo brasileiro. O protesto estava presente em cada verso do samba, mas Aluísio confessa que é a estrofe final, cheia de lirismo, a que mais lhe agrada:

"Etcétera e tal", quem é que falou isso em samba?

De fato, a expressão insinua de modo sutil todas as possibilidades que, claramente expressas, seriam inadequadas à situação. Esse refrão final soava como uma justa compensação a todos os sofrimentos e carências daqueles "vinte anos que alguém comeu".

Para o Carnaval de 1987 o Império Serrano não contaria mais com a competência de Renato Lage. Mas Jamil Cheiroso

---

5. Leitão, Luiz Ricardo. *Aluísio Machado: Sambista de fato, rebelde por direito*, p. 278.

estava de volta à presidência e logo correu atrás de Fernando Pamplona, que jamais se recusaria a colaborar.

> Ceder mesmo, eu cedi, ou melhor, concedi, ao Império. Gosto da escola, que é cheia de gente bacana. Fui lá pela primeira vez convidado pelo Mano Décio da Viola, fiquei amigo do Edgar Canela Fina, do Careca, do Mestre Fuleiro, do Moacyr Cabeça Branca, Canelinha, Silas de Oliveira, Joacyr Santana e uma pá de gente bacana.[6]

Pamplona indicou como carnavalesco o principiante Ney Ayan, que fizera o Carnaval do Salgueiro no ano anterior, e sugeriu-lhe um enredo: "Com a boca no mundo, quem não se comunica se trumbica." A dupla Beto Sem Braço e Aluísio Machado, reconciliada, pôs mãos à obra para a composição de um samba que venceu facilmente a disputa. Da parceria fazia parte também aquele mesmo Bicalho que os derrotara em 1984. Presenteava os parceiros fartamente, trazia para a quadra, durante a disputa, faixas e bandeiras.

Aluísio tinha tido a experiência de compor nos anos anteriores com outros parceiros, mas admite sem hesitação que isso era mais difícil do que compor com Beto Sem Braço.

> Porque cada cabeça é uma cabeça, não é? Tem uns que absorvem mais. Eu gosto de ousar, entendeu? Nós fizemos esse samba,

---

6. Pamplona, Fernando. *O encarnado e o branco*, p. 146.

"Quem não se comunica se trumbica". Eu acho que esse samba tinha de ser Estandarte de Ouro, tirar nota 10. Não é dizer que é pauleira, não. Mas eu gosto de colocar uns negócios meio quentes. E esses... às vezes a parceria não alcança, entendeu? Acham que é palavra difícil. Cara, o poeta, o escritor, o compositor têm a licença de criar ou recriar. Eu boto e a pessoa tem que alcançar o que eu estou falando. O Beto entendia isso e apoiava.

A fala acima se refere ao início do samba, em que Aluísio destaca a palavra *permeio*, inserida na letra:

Se liga, ligação vai ser preciso, ô
Aviso, o verbo é comunicar
Caminha nem pestanejou
Como agente da passiva se comunicou
Vai, pombo-correio
De permeio na imensidão
Voe e vá dizer ao meu amor
Que a saudade machucou meu coração

"Com a boca no mundo, quem não se comunica se trumbica", 1987
(Aluísio Machado, Bicalho e Beto Sem Braço)

Aluísio ri ao comentar: "Permeio, vagabundo: Que é isso? Vai lá no dicionário." Esse recurso a palavras pouco conhecidas será recorrente em sua obra, justificado pela licença poética a que se julga com direito, como tantos outros compositores de nosso cancioneiro popular.

O Império Serrano manteve a terceira colocação do ano anterior, e não havia motivo para pensar em alterar a equipe. Para 1988, Pamplona e Ney Ayan se decidem pelo enredo "Para com isso, dá cá o meu", protesto contra a fusão da Guanabara com o estado do Rio de Janeiro, mais de uma década atrás, que já não despertava nenhuma revolta nos cariocas e nenhum interesse no restante do país. Enquanto muitas coirmãs escolhiam enredos que celebrassem o centenário da Abolição, a ala de compositores do Império quebrava a cabeça para dar vida e emoção a algo tão fora da atualidade. Por isso, não houve grandes sambas. A parceria do ano anterior se mantém: com Beto Sem Braço e Bicalho, nosso poeta mostra sua marca nestes versos:

Rio, corrente de mágoa,

Deságua em evolução

Faço deste espaço o seu leito

E nele deito a contestação

Samba concorrente "Para com isso, dá cá o meu", 1988
(Aluísio Machado, Bicalho e Beto Sem Braço)

Era um bom samba, de letra inteligente e muito atrelada ao enredo. O que dava, no entanto, aos parceiros a certeza da vitória era sua ligação e cumplicidade com o presidente Jamil. Mas a vitória não veio, o que pode muito bem acontecer em finais de disputa de samba-enredo. Se o fato merece ser ressaltado aqui é por conta da reação de um dos parceiros: inconformado com a derrota e alegando que o presidente lhe garantira a vitória, Beto Sem Braço sacou uma arma e atirou em Jamil, atingindo-o de raspão e ferindo também o vice-presidente da escola, Roberto Peixoto. Ferimentos sem gravidade, mas que causaram comoção num ambiente familiar e nada violento como o da quadra do Império Serrano.

Desde algum tempo a disputa de um samba-enredo se tornara um jogo pesado, e não apenas no Império Serrano. O que estava em jogo não era só orgulho ou vaidade. Era dinheiro. A partir da década de 1970, o samba-enredo envolvia ganhos, primeiro em direitos autorais, por causa do sucesso das gravações em LP. Mais adiante, os compositores de sambas vencedores passaram a receber também direito de arena, pela execução de suas obras em espetáculo em que há venda de ingresso. Daí nas disputas o investimento pesado de dinheiro em torcida, adereços de mão, impressão de prospectos, gravação de fitas cassete e intérpretes e músicos. Muita coisa a perder com uma desclassificação.

Se de fato Jamil havia prometido a vitória a Beto Sem Braço, jamais se saberá o que o levou a não cumprir a palavra dada. O que se sabe, com certeza, é que Beto logo se arrependeu do seu gesto e correu a visitar o amigo no hospital e chorar ao lado dele até sua plena recuperação.

O samba cantado na Avenida tinha a assinatura de Jarbas da Cuíca, Lula Antunes e Luiz Carlos do Cavaco, que já fora parceiro de Aluísio. Eram a prata da casa, nada se poderia dizer contra a vitória. O que seria inadmissível — naquela época —

era perder para algum "estrangeiro". E bem que os estrangeiros, em busca de vitórias, estavam atacando. Não alguém desconhecido ou inexpressivo: simplesmente David Corrêa, compositor consagrado e muitas vezes campeão na Portela e que já acumulava passagens por Salgueiro e Vila Isabel. David era velho conhecido de Aluísio. Em 1985, foram parceiros, juntamente com Gracia do Salgueiro, no samba "Pique brasileiro", que acabou dando título a um LP dos três compositores, gravado no ano seguinte. Mas esse borboleteio de David por várias agremiações não agradava a Aluísio e Beto Sem Braço, que consideravam o Império Serrano um território sagrado.

Por isso se juntaram a Zeca Pagodinho para, num samba, falar de regras e leis que vigoram de maneira informal nesse maravilhoso universo do samba:

Chega como eu cheguei

Pisa como eu pisei

No chão que me consagrou

Olha que lei é lei

Lei que eu nunca burlei

Pois Deus me designou

"Pisa como eu pisei", 1988
(Aluísio Machado, Zeca Pagodinho e Beto Sem Braço)

Na melodia, o inconfundível ritmo calangueado, característico da obra de Beto Sem Braço. Na letra, aqueles mesmos paradoxos — verso e reverso, prazer e dor, causa e efeito, torto e direito — que o pesquisador Eduardo Pontin apontou na obra de Aluísio Machado em trabalho pioneiro.[7] Estava dado o recado: o Império Serrano não entrou para a lista de escolas às quais David Corrêa emprestou seu talento. Nem precisava.

Para o Carnaval de 1989, o Império deixa de contar com a ajuda de Pamplona e se abre para propostas de carnavalescos. Foi formada uma comissão de seleção, que durante uma semana analisou propostas de enredos. Pura perda de tempo: depois de tanto trabalho, foi apresentado à comissão o novo carnavalesco da escola: Oswaldo Jardim, um jovem praticamente desconhecido, que trazia seu enredo "Jorge Amado Axé Brasil", não apresentado à comissão na fase anterior.

Se a tomada de decisão não foi democrática, o tempo mostrou que ela foi acertada. Oswaldo era talentoso, ousado, criativo. É bem verdade que o que mais adiante contaria — que só escolheu o enredo depois de conhecer de perto a escola — não procede. Mas que importa? Teve grande preocupação em respeitar as tradições imperianas e seus principais personagens, que começava a conhecer de perto. Isso foi o suficiente para termos um Carnaval maravilhoso, uma grande celebração em que os personagens do romancista baiano se encontram para uma festança na Tenda dos Milagres.

Ao se aproximar a final da disputa de samba-enredo, o clima era de apreensão. Será que mais uma vez haveria tiro ao

---

7. Pontin, Eduardo. *Aluísio Machado: O paradoxo do samba*.

ser anunciada a parceria vencedora? Nada disso. A escolha foi tranquila: a obra da parceria de Aluísio Machado, Beto Sem Braço e Bicalho despontava como a favorita nas preferências da quadra e da diretoria. Além dos três, um novo parceiro fora admitido, um estreante na ala de compositores, mas que soube "pisar" devagar, respeitosamente, como os mestres haviam aconselhado em samba anterior: Arlindo Cruz despontara na quadra do Cacique de Ramos, em 1982 passara a integrar o grupo Fundo de Quintal e aos 30 anos, ao chegar ao Império a convite de Beto Sem Braço, já experimentava o sucesso. Sua chegada foi tão discreta que só muitos anos depois os imperianos se deram conta de que, naquele samba, sua marca já se fazia sentir. Um samba excelente, de melodia rica e original, e uma letra que consegue o milagre de incluir títulos de romances e personagens de Jorge Amado de maneira natural, sem parecer uma grosseira enumeração:

Sob os olhos graciosos de Oxalá
Desce a Serrinha
Esquenta o País do Carnaval
É muita pimenta, dendê e cacau
Você sabe que tem festa, meu amor
Lá na Tenda dos Milagres
Vem que eu vou, eu vou

"Jorge Amado Axé Brasil", 1989
(Aluísio Machado, Bicalho, Beto Sem Braço e Arlindo Cruz)

Se a escolha do samba não se constituíra num problema, outro, bem mais grave, se apresentava: Andréa Machado, filha de Aluísio, que se tornara porta-bandeira desde 1982, tendo inclusive recebido naquele ano o Estandarte de Ouro de Revelação, assumia o primeiro posto após a saída de Juju Maravilha. Para seu par, a diretoria trouxera de volta o veterano José Vieira Gomes, o Zequinha, afastado da escola havia dois anos por problemas de saúde. Mas, pouco antes do Carnaval, no dia 18 de dezembro, o mestre-sala foi assassinado, juntamente com sua esposa, ao sair da quadra de madrugada. O crime nada teve a ver com a escola, nem mesmo com o samba, mas abrira uma lacuna difícil de preencher em tão pouco tempo. O Carnaval era no início de fevereiro e a escola tinha pouco mais de um mês para fazer a substituição e ensaiar o par. A sorte é que havia alguém que estava acostumado com o estilo de Andréa e poderia ensaiar intensamente com ela até o Carnaval: seu pai, Aluísio Machado. O compositor abre mão de vir ao lado dos parceiros colhendo os frutos do sucesso, naquele momento de glória que todo compositor almeja viver, ao ver seu samba cantado na Avenida pela escola e pela arquibancada. Revive o que aprendeu na juventude com Mercedes Baptista no grupo Teatro Popular Brasileiro. A partir daí incorpora definitivamente, mesmo em suas apresentações no palco como compositor, a elegância e a teatralidade que encantam seus admiradores, com passos de sambista autêntico.

Apesar da qualidade do samba, que fez a escola desfilar leve e solta, o Império Serrano amargou um décimo lugar. Muitos atribuem as notas baixas ao fato de a escola haver desfilado logo após a Beija-Flor, que causou impacto com o enredo "Ratos e urubus, larguem minha fantasia".

Essa má colocação era o prenúncio de uma fase muito difícil para a escola. Logo após o Carnaval, em eleições livres, Jamil Maruff não consegue a reeleição e tem início o desastroso triênio da gestão de Oscar Lino da Costa.

"Oscar era grosso, eu não gostava do jeito dele, muito ditador, não tinha empatia nem relação amistosa com a gente", sintetiza Aluísio, tentando explicar por que andou arredio nessa época, sem estímulo para compor. Beto Sem Braço passa por um longo período de internação, em virtude de grave problema de saúde, o que também desestimula Aluísio. Nem mesmo quando sai do sanatório onde se tratava da tuberculose que o vitimaria pouco tempo depois, Beto consegue convencer o parceiro a compor com ele. O nome de Aluísio não consta entre seus parceiros, ao se sagrar, em 1992, campeão com o samba "Fala, Serrinha, a voz do morro sou eu mesmo, sim, senhor", um canto de guerra, um grito de protesto contra o rebaixamento do ano anterior.

No ano seguinte, 1993, com o retorno de Jamil Maruff à presidência, Aluísio volta a compor, mas sem Beto Sem Braço: internado novamente e gravemente doente, o irreverente parceiro viria a morrer em abril.

O samba de 1993 leva à estante de troféus de Aluísio mais um Estandarte de Ouro de Melhor Samba-Enredo. Com justiça, pois pode ser considerado uma obra-prima. O enredo "Império

Serrano: um ato de amor", de carnavalescos quase desconhecidos que acabavam de chegar à escola, Sid Camilo e Sancler Boiron, pretendia mexer com os sentimentos dos componentes. Fazendo contraponto ao raivoso e magoado protesto do samba do ano anterior, "pouca coisa não vai nos jogar no chão", que exprimia a revolta pelo rebaixamento, o samba de Aluísio, em parceria com Arlindo Cruz, Acir Marques e Bicalho, é, do início ao fim, a mais bela declaração de amor que uma escola de samba poderia receber. Superando o risco de se tornar meramente um samba-exaltação, a letra se desenrola como narrativa, de forma poética, iniciando pela tradicional apresentação na primeira estrofe, passando depois aos grandes feitos do Império desde sua fundação, como escola inovadora, escola de verdade, recordando enredos de sua trajetória, até invocar, no refrão final, a lembrança de quanto deve ser amado por seus súditos.

> Meu coração é emoção que se repete
>
> É muito amor essa paixão, é Carnaval
>
> Sou o Menino de 47, imperial
>
> [...]
>
> Eu sou um ato de amor
>
> Eu sou nação
>
> Eu sou o Império
>
> Do seu coração
>
> "Império Serrano: um ato de amor", 1993
> (Aluísio Machado, Arlindo Cruz, Acir Marques e Bicalho)

Dali em diante Arlindo Cruz viria a ser o parceiro mais constante. Muito diferente de Beto Sem Braço, um intuitivo, como o próprio Aluísio. Com Arlindo, a forma de criar é outra — na parceria deles, letra e melodia vinham nascendo juntas:

> Mas pesa pra caramba. Ele é nervoso, ele é nervoso. Ele é de fazer primeiro a melodia. Mas ele estuda, ele toca mesmo. Muito bom de harmonia e é mole fazer com ele.

Parceria forte, talentosa, entrosada, mas que só voltaria a ganhar a disputa interna em 1996, quando, já na gestão do tristemente lembrado Marquinhos dos Anéis, os carnavalescos Ernesto Nascimento e Actir Gonçalves trouxeram a proposta de um enredo irrecusável: uma homenagem ao sociólogo Herbert de Souza, o Betinho, uma unanimidade nacional após o sucesso de sua campanha Ação da Cidadania contra a Fome, a Miséria e pela Vida. O enredo se chamou "E verás que um filho teu não foge à luta", título de grande apelo popular, por se tratar de citação de um verso do Hino Nacional e por exprimir a luta desse homem frágil e doente por um país mais justo, sem fome.

Mais uma vez, quase dez anos depois, Aluísio voltava a compor um samba com tom muito político, de protesto, tão de acordo com seu estilo. Novamente o samba seria preponderante para a apresentação da escola. O desfile do Império foi pobre, consequência de enormes dificuldades para "botar o Carnaval na rua", como se diz em linguagem de barracão. Mas o samba, cantado na Avenida por Jorginho do Império, fez muita gente chorar na Sapucaí durante o desfile, do qual participou, ovacionado, o homenageado, apesar da proibição médica.

Sinal dos tempos: a parceria ia crescendo. Além de Aluísio Machado e Arlindo Cruz, assinam o samba Lula, Beto Pernada e Índio do Império.

> O povo diz amém
> É porque tem
> Um ser de luz a iluminar
> O moderno Dom Quixote
> Com mente forte
> Vem nos guiar
> Um filho do verde esperança
> Não foge à luta, vem lutar
> Então verás um dia
>
> "E verás que um filho teu não foge à luta", 1996
> (Aluísio Machado, Arlindo Cruz, Lula, Beto Pernada e Índio do Império)

Como não reconhecer a mão de Aluísio nessa letra esplêndida? Não sucumbe à tentação de incluir no samba banalidades sobre o homenageado: se para o próprio Betinho o mais importante seria aproveitar o momento para conscientizar ("é preciso igualdade") e lutar ("chegou a hora de mudar"), para Aluísio era fundamental também não perder o lirismo ("junte um sorriso meu, um abraço teu", "sirva um prato cheio de amor"). Se ainda houver dúvida, a palavra "bujica", jogada ali ao acaso, é a marca daquela estratégia de composição descrita por ele anos antes, ao explicar o uso da palavra "permeio", lá no samba de 1987: algo diferente, inusitado, que obrigaria a consultar o dicionário.

Nos anais do prêmio Estandarte de Ouro, a premiação de Melhor Samba-Enredo de 1996 consta como um dos maiores embates entre opiniões divergentes de toda a história do prêmio, que se aproxima dos 50 anos de existência. A derrota do samba-enredo do Império Serrano, por diferença mínima, para o da Imperatriz Leopoldinense, "Leopoldina Imperatriz do Brasil", deixou arrasados os que o defendiam.

Desse desfile emocionante Aluísio guarda a forte recordação de ter visto confirmadas as suas previsões de 1982, no samba-enredo "Bum bum paticumbum prugurundum", de que gente bamba não teria vez no novo esquema de desfile das superescolas de samba S.A. na Marquês de Sapucaí:

> Nós estávamos ali na entrada da passarela, onde tem um portão já lá dentro, com um *cameraman* da Globo que me viu, e ele me conhece, mora ali em Jacarepaguá. Chamou a repórter: "Entrevista o autor do samba, o Aluísio Machado está ali!"
>
> Aí ela, com esse negócio aí, esse microfone aí, fala com um diretor que fica numa cabine: "Estamos aqui com o autor do samba-enredo. Vamos fazer uma entrevista com ele?" E o diretor diz pra ela que não, que o tempo do Império já havia sido gasto com a entrevista da Suzana Werner, que desfilara na escola.

Nos dois anos seguintes, até o fim do mandato de Marquinhos dos Anéis, Aluísio não volta a inscrever samba. Arlindo Cruz, que fora seu parceiro em 1996, foi vitorioso no ano seguinte com o tristemente famoso enredo sobre Beto Carrero, que custou à escola novo rebaixamento. Igualmente ausente da disputa em 1998, Aluísio escapou à pancadaria em que terminou a final.

Para o Carnaval de 1999, Aluísio se anima novamente a compor. Mas, mais uma vez, em parceria que não incluía Arlindo, que vinha se firmando ao longo da década como nome de peso na ala de compositores. O Império não tinha um grande enredo — "Uma rua chamada Brasil", sobre a rua 46, em Nova York, onde se concentra um expressivo número de brasileiros. O enredo contava como um jovem saído do morro da Serrinha decide tentar a sorte no país estrangeiro e, com saudades de sua terra, acaba voltando. Não viria a ser um grande Carnaval. Mas as eliminatórias para a escolha do samba ficaram, sem dúvida, na memória de todos os imperianos. A disputa dividiu a escola, com paixão avassaladora. Enquanto metade da quadra torcia pelo samba de Aluísio Machado, Lula Antunes, Carlinhos Democrático, Zé Português e Carlinhos Maravilha, cuja segunda parte ("Mãe, sua carta me anima/ Vi que o Rio é o clima/ E me fez regressar...") levava muita gente às lágrimas, a outra metade cantava com empolgação o samba que acabou vencedor, de Arlindo Cruz, Carlos Sena, Maurição e Elmo Caetano.

Enquanto Arlindo voltaria a ser ganhador em 2001, com a mesma parceria, Aluísio amargava sucessivas derrotas: desde 1996 não conseguira emplacar nenhum samba de sua autoria.

Questionado sobre o motivo de não compor em parceria com Arlindo nesse período, Aluísio diz não se lembrar de nenhum motivo especial. Mas, à luz da trajetória do gênero samba-enredo, não é difícil perceber que esse é um momento nevrálgico, em que as parcerias começam a inchar, motivadas por questões muitas vezes alheias à mera composição do samba. O tempo da inocência já ia longe, mas talvez Aluísio tenha hesitado em aceitar as novas regras do jogo. Quando finalmente se rende e pela primeira vez alia seu nome ao grupo que cercava Arlindo Cruz, duas vitórias consecutivas, 2002 e 2003, celebram a união de dois talentos incontestáveis.

Antes de falar desses dois sambas, ambos assinados por parcerias copiosas, é interessante ouvir a opinião de Aluísio sobre a questão, externada em seu depoimento ao Museu do Samba em 18 de abril de 2009:

> Eu preferia como antes. Tu vê samba com cinco caras, seis caras. Isso não é parceria, isso é formação de quadrilha. [...] Não é? Eu e Beto Sem Braço, isso é parceria! Não, agora um é pra pagar o ônibus, outro é pra pagar o prospecto, outro é pra pagar a bebida. É por isso que você vê dez em um samba só.

Essas palavras, de absoluta sinceridade, nos permitem entender como deve ter sido difícil aceitar que, a partir daquele momento, se quisesse continuar a compor e a disputar (e não é essa a missão de um compositor de samba-enredo?!), era preciso submeter-se à nova regra. Talvez o sofrimento causado por essa decisão seja responsável pelo apagão na memória do poeta. Ou, quem sabe, as conjecturas aqui externadas não passam realmente de conjecturas?

O que importa é que em 2002 o Império Serrano volta a contar com seu talento e sua inspiração para cantar um enredo muito significativo, "Aclamação e coroação do imperador da Pedra do Reino", em homenagem a Ariano Suassuna. Não poderia ser um desfile opulento, pois a escola vivia uma fase de retomada após a desastrosa gestão de Marquinhos dos Anéis. Mas não faltou emoção, e o samba, de Aluísio Machado, Lula Antunes, Maurição, Elmo Caetano e Carlos Sena (Arlindo não assina o samba, estava concorrendo em outra agremiação), contribuiu definitivamente para isso:

> Sol inclemente
> Vai além da imaginação
> Sopro ardente, árida terra
> Desse poeta cantador
> Sede de vida, gente sofrida
> Salve o lanceiro, guerreiro do amor

"Aclamação e coroação do imperador da Pedra do Reino", 2002
(Aluísio Machado, Lula Antunes, Maurição, Elmo Caetano e Carlos Sena)

Para o Carnaval de 2003, a composição do samba era bastante desafiadora, dada a pouca consistência do desenvolvimento do enredo "Onde houver trevas que se faça a luz", do carnavalesco Ernesto Nascimento. O fogo, a criação do Universo, o espaço sideral, os "iluminados" e até o sentido próprio, da iluminação elétrica, que desse margem a um patrocínio da companhia responsável pela distribuição de energia elétrica (que não aconteceu, é claro), tudo se misturava de forma aleatória. No entanto, os compositores conseguiram um resultado bastante feliz e o Império Serrano pôde cantar na Avenida, sem constrangimento, um samba de autoria de Aluísio e Arlindo, que dessa vez assina a composição, juntamente com seus tradicionais parceiros Maurição, Carlos Sena e Elmo Caetano:

> Luz, magia
> Que faz a mente do poeta delirar
> Estrela-guia
> Faz meu Império brilhar
> [...]
> Uma prova de amor... perdão
> Uma grande paixão... amor
> A esperança é quem me conduz
> Onde houver trevas que se faça a luz
>
> "Onde houver trevas que se faça a luz", 2003
> (Aluísio Machado, Arlindo Cruz, Maurição, Carlos Sena e Elmo)

Em 2004, a decisão da diretoria da escola de reeditar o antológico samba "Aquarela brasileira", de Silas de Oliveira, deu uma folga à ala de compositores. Mas já em 2005, o enredo "Um grito que ecoa no ar: homem/natureza em perfeito equilíbrio" inspira Aluísio a compor em parceria com Arlindo Cruz, Carlos Sena e Maurição um samba que chegou à final, mas acabou derrotado pela composição que tinha apoio da comunidade da Serrinha. O samba de Aluísio até hoje não foi esquecido por muitos imperianos:

> Um grito que ecoa pelo ar, vida!
> Vamos preservar a vida
> O avanço da ciência equilibrar
> Evoluir com fé
>
> Samba concorrente "Um grito que ecoa no ar: homem/natureza em perfeito equilíbrio", 2005 (Aluísio Machado, Arlindo Cruz, Carlos Sena e Maurição)

O Carnaval de 2006, preparado por uma gestão e sob a presidência de Humberto Soares Carneiro, que rompia o ciclo de poder inaugurado na década anterior, prometia iniciar uma nova era para a escola. O enredo escolhido pelo carnavalesco Paulo Menezes, "O Império do Divino", sobre as festas religiosas do Brasil, mexeu profundamente com a cabeça dos compositores da escola e propiciou a criação de uma excelente safra de sambas, como há muito não se via na escola. Foram 41 sambas na disputa. A parceria de Aluísio com Arlindo Cruz, Maurição, Carlos Sena e Elmo Caetano sairia vencedora, mas, a bem da verdade, é preciso registrar que não foi uma vitória fácil. A final, com a quadra lotada, se tornaria inesquecível. Só mesmo na escola de samba de Silas de Oliveira, de Mano Décio da Viola e de Beto Sem Braço se poderiam ouvir sambas de tão alta qualidade. A quadra se dividiu entre o samba de Aluísio e parceiros e um outro, de autoria de Carlinhos da Paz, Paulinho Valença, Karlinhos Madureira, Luiz Carlos, Alexandre Roberto e Do Canto, cujo refrão, animadíssimo, levava a torcida ao delírio:

> Quem vai querer, quem vai querer
> Trago santinho de lembrança pra vender
> Quem vai querer, quem vai querer
> Um amuleto pra se proteger

<small>Samba concorrente "O Império do Divino", 2006 (Carlinhos da Paz, Paulinho Valença, Karlinhos Madureira, Luiz Carlos, Alexandre Roberto e Do Canto)</small>

Um terceiro samba, do compositor Zé Paulo, filho de Mano Décio da Viola, em parceria com Luiz Carlos do Cavaco, tinha também inúmeros adeptos, mas o samba de Aluísio foi o escolhido e, se naquela noite muita gente saiu da quadra de cara feia, com a frustração da derrota, o tempo provou que a escolha foi acertada: o samba, que deu a Aluísio seu quinto Estandarte de Ouro de Melhor Samba-Enredo, tornou-se um dos mais executados na quadra até os dias de hoje, o que é uma façanha e tanto numa escola como o Império Serrano, que tem um dos mais significativos repertórios de sambas-enredo do Carnaval carioca:

Cantando em forma de oração
Serrinha pede paz, felicidade
Pra nossa gente que não para de rezar
E como tem religiosidade
[...]
O meu Império é raiz, herança
E tem magia pra sambar o ano inteiro
Imperiano de fé não cansa
Confia na lança do Santo Guerreiro
E faz a festa porque Deus é brasileiro

"O Império do Divino", 2006
(Aluísio Machado, Arlindo Cruz, Maurição, Carlos Sena e Elmo Caetano)

O samba consagraria, ainda, a máxima "Imperiano de fé não cansa", um achado, por resumir de forma poética a dor e a delícia de amar essa maravilhosa escola de samba, que tem colocado seus torcedores em constante sobressalto nos últimos tempos, sem que lhes passe pela cabeça a ideia de desistir.

Exemplo disso: após o lindíssimo desfile de 2006, o Império, embalado pelo acerto, decide acreditar numa dessas vagas promessas de patrocínio que nunca se concretizam e as quais já iludiram até escolas de samba mais calejadas. O enredo "Ser diferente é normal" era de difícil desenvolvimento e o caminho escolhido pelo jovem carnavalesco Jack Vasconcelos, bastante original, não facilitava em nada a vida dos compositores. A safra de sambas foi desastrosa, mas felizmente Aluísio, Arlindo e parceiros acertaram a mão e produziram um samba belíssimo, do qual Aluísio se orgulha em especial:

> Eu quero ver
> O amor florescer
> Ser diferente é normal
> E o Império taí
> Pra levantar seu astral
> Se liga no meu Carnaval
>
> "Ser diferente é normal", 2007
> (Aluísio Machado, Arlindo Cruz, Maurição, Carlos Sena e Elmo Caetano)

Seu comentário, no depoimento ao Museu do Samba, se não prima pela modéstia, é bastante direto: "Como é que eles não dão nota 10 num samba desses?!"

Rebaixada, a escola recorre a um de seus ícones, Carmen Miranda, com o enredo "Taí, eu fiz tudo pra você gostar de mim", e Aluísio mantém a parceria do ano anterior, sem, contudo, chegar à vitória. Na cabeça do samba a marca de Aluísio é bem identificável:

> Taí, eu fiz tudo pra você gostar de mim
> Não escondo a minha idade
> Sou guerreiro, sou assim:
> Elegante verde e branco
> Esperança e liberdade
>
> Samba concorrente "Taí, eu fiz tudo pra você gostar de mim", 2008
> (Aluísio Machado, Arlindo Cruz, Maurição, Carlos Sena e Elmo Caetano)

Mesmo sem samba assinado pela parceria que era uma grife no Carnaval, a escola subiu de volta ao Especial e, com a decisão de reeditar o samba de 1976, não houve disputa. Aluísio andou arredio e não compôs para a disputa de 2010, para o enredo "João das ruas do Rio", em que a escola só contou com dez sambas inscritos, o que se explica por estar novamente no Grupo de Acesso.

No ano seguinte, Aluísio se liga a uma parceria que vinha despontando na escola e que a partir daí emplacaria vitórias em série ao longo da década de 2010. Motivados pelo enredo sobre Vinicius de Moraes, os compositores Aluísio Machado, Henrique Hoffmann, Paulinho Valença, Popeye, Victor Silva e Zé Paulo criam um samba bem superior ao nível do desfile da escola:

> E por falar em saudade, onde anda você, poeta?
> Hoje o Império é seu (desperta!)
> Templários, prisioneiros da lua
> Cavaleiros que servem à grande princesa
> Poema que é ponto de partida
> Pra Serrinha entrar em cena
> Com Vinicius nessa Avenida
>
> "A bênção, Vinicius", 2011 (Aluísio Machado, Henrique Hoffmann, Paulinho Valença, Popeye, Victor Silva e Zé Paulo)

Não é difícil reconhecer o dedo de Aluísio numa tão clara proposição, técnica narrativa a que ele frequentemente recorre, seguindo os passos do mestre Silas de Oliveira: na cabeça do samba, a oportunidade de esclarecer sobre o que se está falando.

Afora essa característica marcante, o samba não está entre as obras-primas do nosso poeta, mas serviu para lhe proporcionar o sexto Estandarte de Ouro de Melhor Samba-Enredo de sua carreira, de melhor samba-enredo do Grupo de Acesso. Pouca gente pode se gabar de ostentar em sua galeria de troféus seis exemplares desse cobiçado prêmio.

Satisfeito com a experiência da nova parceria, que de saída lhe rendera a vitória e a premiação, Aluísio a mantém, ao menos parcialmente. No samba de 2012, estão Paulinho Valença, Henrique Hoffmann, Popeye e mais Marcelo Ramos, Victor Alves, Filipe Araújo e Maurício Muniz. Aluísio parece não se importar mais com o que tanto o incomodava antes, os abundantes consórcios para a composição de um samba. Além do mais, o enredo proposto pela escola era atraente para um compositor que convivera com a homenageada: "Dona Ivone Lara: o enredo do meu samba". O resultado foi um lindo samba, cujo refrão final empolgava a torcida na final da disputa, que aconteceu no Circo Voador, em virtude de obras que eram realizadas na quadra da escola:

Da Serra de bambas, povo guerreiro

Vem do meu terreiro a joia mais rara

Sou Império Serrano

O enredo do meu samba

É Dona Ivone Lara

Samba concorrente "Dona Ivone Lara: o enredo do meu samba", 2012 (Aluísio Machado, Paulinho Valença, Henrique Hoffmann, Popeye, Marcelo Ramos, Victor Alves, Filipe Araújo e Maurício Muniz)

Mais uma vez, Arlindo Cruz e sua parceria se sagravam campeões. Mas isso não era uma questão para Aluísio. Para ele, vitória era estar na quadra, participando ativamente da vida da escola. Ali estavam seus amigos, seu neto Matheus, já dando os primeiros passos como mestre-sala. Ali era sua casa. Nesse período, entre a vitória de 2011 e a que se seguiria, em 2016, os próprios componentes da escola tinham a impressão de que Aluísio já não se empenhava tanto nas disputas: não comparecia a todas as eliminatórias, e quando ia, dando à quadra a alegria de vê-lo no palco executando suas belas coreografias de mestre-sala, passava a impressão de não estar verdadeiramente empenhado em vencer. Desilusão com tantas questões paralelas que permeiam as disputas nos dias atuais? Ou simplesmente cansaço de tantos anos de militância no ingrato universo das disputas de samba-enredo?

Assim foi também em 2013: Aluísio participa de uma parceria totalmente nova, com Alex Ribeiro e Lucas Donato, respectivamente filho e sobrinho de Roberto Ribeiro, e mais cinco compositores. O enredo, "Caxambu: o milagre das águas na fonte do samba", se insere ainda naquele momento em que as escolas de samba privilegiavam enredos que pudessem vir a lhes dar algum retorno financeiro, embora isso raramente se concretizasse. Com isso, a qualidade dos sambas nesse período caiu muito. Ainda assim, a parceria concorre com um samba bastante interessante:

Desaguando a felicidade
Ao falar dessa cidade
Vem a minha inspiração
Água pura, cristalina, riqueza do meu chão
É mito, é magia, beleza, sedução

Samba concorrente "Caxambu: o milagre das águas na fonte do samba", 2013 (Aluísio Machado, Alex Ribeiro, Lucas Donato, Da Silva, Jefferson Luiz, Paulão Viana, Marquinho JS e Robson Moratelli)

Mais uma vez derrotado, perdendo para os antigos parceiros Paulinho Valença, Henrique Hoffmann, Marcelo Ramos, Popeye, Filipe Araújo, Beto do Império e Airinho, Aluísio não se abala. Mas nessa derrota talvez esteja a explicação para a sua mudança de atitude no ano seguinte.

Em 2014, mais uma vez o Império Serrano recorre a uma tentativa de apoio financeiro para o Carnaval, escolhendo como enredo o município de Angra dos Reis. Não era um mau enredo para os compositores, pois o forte viés cultural da região fluminense facilitava o trabalho de composição da letra. Aluísio, por razões que não se recorda, não voltaria a integrar nenhuma das parcerias anteriores. Ressentia-se do afastamento de Arlindo Cruz, que experimentava grande sucesso no início da década de 2010, mas também não voltaria à parceria com Paulinho Valença e Henrique Hoffmann. A ideia de deixar de compor estava, porém, fora de cogitação. Alia-se, então, a um compositor de fora da escola — nesse momento e desde muito tempo, a ala de compositores estava aberta a quem quisesse concorrer, não sendo obrigatório, como antes, o pertencimento à escola —, o jovem portelense Samir Trindade. Com ele e mais Índio do Império, Elson Ramires e Adilson Brandão, compõe o samba para a disputa. A decisão gerou resistência em alguns setores da escola, que se sentia "invadida" e ameaçada em suas tradições pela chegada de compositores de fora. Mas desde a primeira apresentação do samba da parceria as resistências caíram por terra. O samba era lindo demais e logo conquistou corações e mentes imperianas. Na quadra era simplesmente o samba de Aluísio Machado, ninguém sequer mencionava o nome do "estrangeiro":

> Estrela, vem guiar minha Serrinha
> O samba vai cumprir sua missão
> Os reis que já saudaram Deus menino
> Na folia do Divino
> Vem brindar a emoção
> [...]
> Roda baiana, gira coroa
> Num paraíso divinal
> Eh terra abençoada
> Angra dos Reis meu Carnaval
>
> Samba concorrente "Angra com os reis", 2014 (Aluísio Machado, Samir Trindade, Índio do Império, Elson Ramires e Adilson Brandão)

No entanto, os vencedores foram mais uma vez Paulinho Valença, Henrique Hoffmann e parceiros. Impossível aquilatar o que significavam as derrotas para Aluísio, que parece absorvê-las como parte do jogo, no qual existe ganhar e perder. Mas a derrota daquele ano foi atenuada por um acontecimento que teve impacto em sua carreira de sambista: pouco antes do Carnaval de 2014, Aluísio recebe uma honraria consagradora: é eleito Cidadão Samba do Rio de Janeiro. Uma das mais importantes tradições carnavalescas da cidade, o concurso Cidadão Samba data de 1936 e em sua fase mais recente foi promovido pelo jornal *Extra* até 2017. Do Cidadão Samba se exige que toque instrumentos, que domine a coreografia do samba, que cante e componha e, sobretudo, que tenha uma vida de dedicação ao samba. Já ostentaram o título figuras históricas como Eloy Antero Dias, Paulo da Portela, Antenor Gargalhada, Cartola, Zé Kéti e outros bambas. Aluísio, à época com 75 anos, era admitido na galeria dos maiores. A emoção que sentiu está registrada na frase que pronunciou ao receber a faixa das mãos de Zé Katimba, seu antecessor: "Obrigado por me darem esse prêmio em vida. Eu sou escravo do meu talento."

A declaração, entendida por alguns como expressão de falta de modéstia, bastante peculiar a esse grande compositor, admite uma outra leitura: o dom de compor o obrigaria a criar sempre, da maneira que fosse possível, com os parceiros que se apresentassem, sem purismos, sem melindres. O samba-enredo estava mudando? Aquele dom que o fazia escravo o levava a aceitar o que desse e viesse. O que houvesse para o momento. Ao contrário de tantos sambistas que se voltam para o passado e veem o presente como se não lhes dissesse respeito, Aluísio vive o presente e aprende com ele. Seu biógrafo Luiz Ricardo Leitão aborda o assunto num resumo feliz:

> Quem diria que Aluísio assinaria parceria com seis ou sete compositores, capitulando a contragosto à lógica mercantil das firmas de samba-enredo que se espalharam pelas escolas?[8]

Sorte do Império Serrano essa capitulação. Se parasse de compor, cheio de pruridos, isso não iria mudar o rumo dos acontecimentos e, mais, muito de qualidade se perderia. Ainda bem que seu talento, do qual se declara escravo, o obriga a continuar na ativa.

Esse panorama não se modificaria no Carnaval de 2015. Para o enredo "Poema dos peregrinos da fé", Aluísio Machado se unia a parceiros de menos expressão para compor um samba que, ao contrário do de 2014, não foi marcante, e acabou sendo derrotado pela parceria encabeçada por Arlindo Cruz. O samba de Aluísio dizia:

A alvorada anunciou
O Império agradecido veio festejar

---

8. Leitão, Luiz Ricardo. *Aluísio Machado: Sambista de fato, rebelde por direito*, p. 333.

> Com seu manto verde e branco
> Fogos explodem no ar
> Em Madureira o samba... religião!
>
> Samba concorrente "Poema dos peregrinos da fé", 2015
> (Aluísio Machado, Carlitos do Império, Daniel Teles, Índio do Império, Drummond, Alexandre Macaquinho, Jorge do Cavaco e Moisés do Nascimento)

O enredo escolhido pela escola para o Carnaval de 2016 lhe era inspirador: "Silas canta a Serrinha". Para sorte do Império Serrano, os antigos parceiros Aluísio e Arlindo se unem e, com Arlindo Neto, Zé Glória, Andinho Samara e Lucas Donato, criam o lindo samba que foi cantado pela escola na Avenida. A ideia que se expressa na composição é criar um samba no estilo de Silas de Oliveira, para que ele pudesse, tantos anos depois, voltar a cantar o seu lugar de origem. A presença de palavras como *relicário* e o tom algo pomposo da letra, assim como o emprego da primeira pessoa, deram ao samba a marca da veracidade e da pertinência ao enredo e garantiram a vitória na disputa:

> Quando o jongo me chamou eu louvei Maria
> E no toque do tambor tem magia
> Veio gente da estiva, da resistência também
> Todo mundo chegou no balanço do trem
> [...]
> Meu centenário vou comemorar

> Esse é o povo que me consagrou
> Imperiano volte ao seu lugar: vencedor!
>
> "Silas canta a Serrinha", 2016 (Aluísio Machado, Arlindo Cruz,
> Arlindo Neto, Zé Glória, Andinho Samara e Lucas Donato)

Aluísio é discreto quanto aos bastidores de suas parcerias: responde com um elegante "não me lembro" a todas as questões que tenham por objetivo esclarecer tantas idas e vindas, acertos e desacertos, encontros e desencontros. Também nas entrevistas, é como se os volteios do mestre-sala que ainda o habita driblassem toda e qualquer tentativa de desvendar o que de fato acontece por detrás da criação de letra e melodia que nos apaixonam. Mas, na verdade, que importa tudo isso? O fato é que em 2017, para o enredo sobre o poeta Manuel de Barros, manteve-se a parceria, enriquecida por muitos outros nomes tradicionais da escola. O samba, que tinha momentos de muita inspiração, não chegou, contudo, à Avenida:

> A procissão divina se repete
> Chegou o Menino de 47
> Cocheia a viola e o cavaco dá o tom
> O samba é meu dom
> Setenta anos de cultura brasileira
> É poesia pra cantar a vida inteira
>
> Samba concorrente "Meu quintal é maior que o mundo", 2017 (Aluísio Machado, Arlindo Cruz, Arlindo Neto, Lula Antunes, Pretinho da Serrinha, Carlinhos da Paz, Zé Glória, Leo Antunes, Domingos P.S. e Carlinho Guerreiro)

A escola atravessa nos carnavais de 2018 e 2019 grandes problemas, apresentando desfiles muito aquém de suas tradições. Um triste momento, somado ao desalento de ver Arlindo Cruz, vítima de um acidente vascular cerebral, afastar-se da escola. Escolhas equivocadas, como a opção por cantar, no Carnaval de 2019, uma composição que nem samba-enredo é. A ala de compositores da escola de samba em que brilharam Silas de Oliveira, Mano Décio da Viola, Dona Ivone Lara e Beto Sem Braço era desrespeitada e posta em segundo plano. Não protestou. Calou-se.

Mas o Império Serrano é, desde sua origem, resistência. Hoje o mais legítimo símbolo dessa grande escola, que não se deixa abater e continua sua trajetória gloriosa, é Aluísio Machado. Além de suas vitórias na escola, construiu uma expressiva carreira de compositor e sambista, com inúmeras obras gravadas por grandes intérpretes, como Beth Carvalho, Zeca Pagodinho, Alcione, Leci Brandão, Dudu Nobre, Xande de Pilares e muitos outros. Por isso, ver no palco, antes do Carnaval de 2020, a silhueta esguia, do alto de seus 80 anos (81 só completaria em abril), misturada aos parceiros jovens, encantando a plateia com seus passos de mestre-sala e seu sapateado de sambista à antiga, é a garantia de que o samba-enredo está bem vivo.

No Carnaval de 2020 teve a alegria de ser homenageado no enredo da escola de samba Unidos da Barra da Tijuca, uma iniciante no Carnaval, desfilando na avenida Intendente Magalhães, onde o povão ainda pode vibrar e se emocionar com o que vê. "Obrigado, meu Deus! Aluísio Machado, a vida e a arte de um baluarte" foi o reconhecimento de uma vida dedicada ao samba, ainda que entre resmungos e imprecações.

Nesse mesmo ano Aluísio levou para a Avenida a 14ª composição de sua autoria. De 1982 a 2020, ali esteve ele, ano a ano, disputando, ganhando ou perdendo, mas presente, fazendo parte ativa de sua escola de samba, com suas alegrias e dores. Para o enredo "Lugar de mulher é onde ela quiser", Aluísio nos fez cantar assim:

> A luta não pode parar
>
> Insistem; não vou me curvar
>
> Eu quero a bem da verdade, a tal igualdade
>
> Sonho meu, que o mundo tenha mais respeito
>
> Sonho meu, fazer valer nossos direitos
>
> Livres da mão do algoz
>
> Ninguém vai calar nossa voz

"Lugar de mulher é onde ela quiser", 2020
(Aluísio Machado, Lucas Donato, Senna, Matheus Machado, Luiz Henrique, Thiago Bahiano, Beto BR, Rafael Prates e Renan Diniz)

Muita coisa mudaria depois do Carnaval de 2020, no Império Serrano e no mundo. Na escola, a eleição inauguraria outros tempos, de mais esperança. Mundo afora, a pandemia do novo coronavírus obrigava a um triste período de isolamento social. Como muitos outros setores, o Carnaval foi duramente atingido e teve de encontrar forças para se reinventar. Coragem e criatividade nunca faltaram. O Império Serrano transmitiu de sua quadra, nesse duro período, uma *live* que começava com Jorginho do Império entoando, *a capella*, em ritmo cadenciado, o antológico "Bum bum paticumbum prugurundum". Um elegante casal de mestre-sala e porta-bandeira se aproxima apresentando com orgulho nosso símbolo maior. Eram Andréa Machado, filha de Aluísio, e o filho dela, Matheus, atualmente primeiro mestre-sala da escola. Matheus reproduzira, em 2020, a façanha de seu avô naquele longínquo Carnaval de 1989: apresentou-se como mestre-sala ao som de um samba do qual era um dos autores e parceiro do avô. Haja coração! Aluísio gerou Andréa, que gerou Matheus. Como conter as lágrimas? Estava ali representado todo o belo sentido de lugar de transmissão de saberes e fazeres que é uma escola de samba.

Era hora da escolha do samba-enredo para o Carnaval de 2021, uma disputa diferente de tudo que a escola vira até então. Sem público na quadra, sem torcidas, ritmistas usando máscaras de proteção sanitária. Errou feio quem achou que seria uma disputa sem interesse. O enredo "Mangangá", sobre o capoeirista Besouro, o Cordão de Ouro, proposto pelo carnavalesco Leandro Vieira, estreante na escola, despertou o interesse dos poetas da casa e até dos de fora: foram não menos de trinta sambas inscritos, número expressivo num momento de incertezas até mesmo quanto à possibilidade de realização do Carnaval.

Entre os finalistas, com grande chance de vitória, um deixava na letra e no ritmo calangueado a pista de sua autoria:

Toque de cavalaria enfrenta o regimento
Vem opressão, eu vou "sem braço", e vai rasteira
O cativeiro não tem voz em Madureira

Camará, camará
Quebra o coco no jongo
Mangangá, Mangangá,
A Serrinha é quilombo

Samba concorrente "Mangangá", 2021 (Aluísio Machado, Carlos Senna, Renan R. Valença, Ambrosio de Deus, Carlitos Bahiano e Beto BR de Souza)

Sim, lá estava ele, cumprindo sua missão de compor. Misturado a simples mortais, disputando com amigos e com desconhecidos, respeitando as regras das disputas, como aprendeu desde 1982, citando o parceiro com quem tantas vezes se desentendera, inovando na melodia, não deixou nunca de clamar por liberdade.

Aluísio Machado é hoje, sem dúvida, o mais ilustre imperiano vivo. Sua permanência em atividade na escola por quase quarenta anos simboliza a vitória do samba-enredo na luta incansável contra aqueles que tentam a todo custo abafar a voz da nossa cultura popular. Mesmo com as queixas que seu temperamento adoravelmente ranzinza tem da escola, jamais lhe passa pela cabeça afastar-se. Fidelidade? Certamente, em alto grau. Mas talvez uma palavra mais simples possa justificar essa longa permanência e tanta dedicação: amor. Amor retribuído na mesma medida. Aluísio Machado ama o Império Serrano, sua escola de samba. Nossa escola de samba. E uma humilde imperiana, de joelhos, aqui saúda seu talento arrebatador.

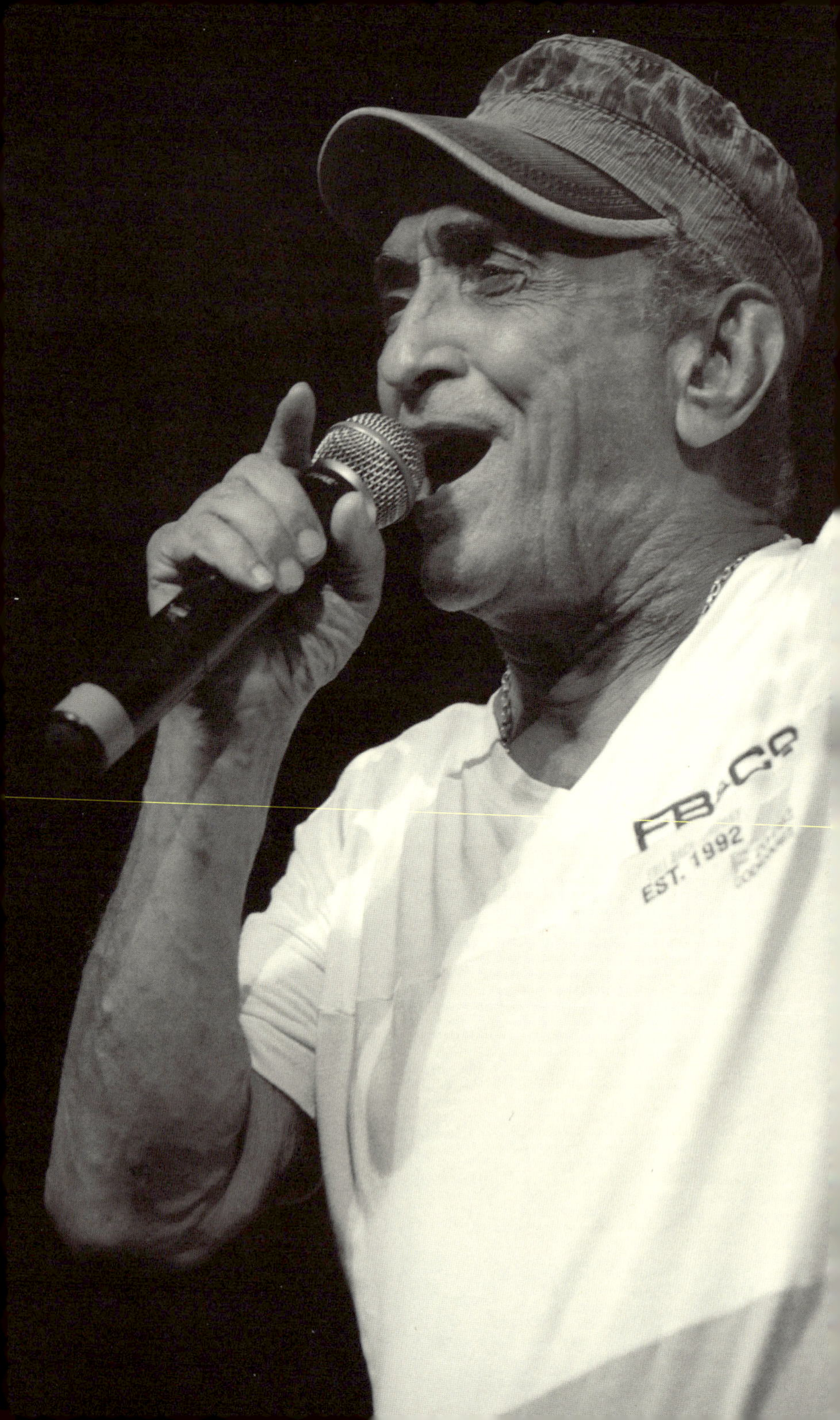
EST. 1992

3. DAVID CORRÊA
Das maravilhas do mar, fez-se o esplendor de um poeta

LEONARDO BRUNO

Dois de dezembro de 1972, Dia Nacional do Samba. O Mourisco, tradicional clube do bairro de Botafogo, ficou lotado naquele sábado para assistir à final de samba-enredo da maior campeã do Carnaval carioca, a Portela. A escola não estava ensaiando em Madureira porque sua nova quadra, o Portelão, entrava na reta final das obras para a inauguração, que aconteceria dias depois. A azul e branco vivia o auge de sua popularidade, após um título inesquecível em 1970, "Lendas e mistérios da Amazônia", e de dois carnavais cujos sambas foram cantados pelo país inteiro: "Lapa em três tempos" (1971) e "Ilu ayê" (1972). Por isso a multidão aguardava com ansiedade para saber quem seria o autor do hino que a escola levaria para o desfile de 1973.

Foram mais de cinquenta concorrentes na disputa, mobilizando a famosa Ala de Compositores da Portela, que na época era uma espécie de seleção brasileira na arte de juntar palavras e melodias em forma de samba: Candeia, Zé Kéti, Paulinho da Viola, Manacéa, Monarco, Wilson Moreira, João Nogueira, Casquinha, Cabana, Jair do Cavaquinho, Walter Rosa, Chico Santana, Argemiro Patrocínio, Waldir 59, Ary do Cavaco, Norival Reis, Alcides Malandro Histórico, Alvaiade, Alberto Lonato e tantos outros — e se eu continuar citando os poetas estrelados da Portela, este livro não vou terminar.

Já era madrugada de domingo quando foi anunciado o vencedor. Um sambista novato, recém-chegado à escola, que participou sozinho de toda a disputa, saiu carregado nos braços pelos componentes: David Corrêa. Os portelenses que vibraram ao ouvir o samba na voz do puxador Silvinho do Pandeiro não podiam imaginar, mas começava ali uma nova era na escola.

Ganhar o samba que embalaria a Portela no Carnaval de seu cinquentenário já era um feito enorme para o moço de 35 anos. Mas, nas décadas seguintes, ele faria muito mais. David Corrêa se tornou o maior vencedor de sambas-enredo na azul e branco de Madureira. É o autor de um dos maiores sucessos da história da Mangueira. Compositor de um dos sambas mais cantados da discografia do Salgueiro. Responsável por um refrão da Estácio de Sá que extrapolou o mundo do carnaval. Escreveu uma canção que virou hino do pagode. E assina um dos raros sambas-enredo gravados por Maria Bethânia. Com tantos feitos, é o protagonista de uma trajetória única, sem paralelo na história do samba. Seu talento salta aos olhos (e ouvidos) de todos que conhecem sua obra. Mas uma pergunta se impõe quando se olha para sua carreira: afinal de contas, como pode um sambista ser o recordista das disputas da Portela e ao mesmo tempo ter êxito em tantas outras escolas? E além disso ainda fazer sucesso fora do Carnaval? Definitivamente, nunca houve um poeta como David Corrêa.

Essa história não começa em Madureira, mas em Niterói, município da Região Metropolitana do Rio de Janeiro, onde David Antônio Corrêa nasceu, em 31 de maio de 1937. Aos 3 anos, se mudou para a Tijuca, onde viveu até os 8. Sua família era extremamente musical, e desde cedo o menino estava acostumado a ouvir melodias: seu pai, Godofredo, tocava sanfona em bailes, e sua mãe, Rosa, era integrante do coral da igreja.

Com tantas referências sonoras à sua volta, não foi surpresa quando o pequeno David, aos 5 anos de idade, balançando dentro um caixote, criou seus primeiros versinhos: "A vida vai, a vida vem... A vida vai, a vida vem..." Logo surgiu um "parceiro", seu irmão, que completou cantando: "Quando eu morrer, o meu amor vai também." Esse "boi com abóbora infantil" era apenas uma brincadeira, mas já demonstrava certa inclinação para a música. A mãe também percebeu que o garoto ficava de ouvidos em pé com o som que o peixeiro fazia ao passar pela rua tocando uma gaita para anunciar as ofertas do dia. Ela então comprou uma gaitinha pequena para o filho, que por volta dos 10 anos já tocava a clássica "Oh! Susanna".

A essa altura, a família já tinha se mudado para Coelho da Rocha, no município de São João de Meriti, na Baixada Fluminense. Quando o rapaz entrou na adolescência, os pais resolveram matriculá-lo em uma aula de teoria musical, com um professor de música. Não durou muito, mas foi suficiente para aprender o básico. Por volta dos 13 anos, a vida real bateu na porta, e as melodias tiveram de dividir espaço com o barulho do ronco dos motores: o garoto foi dar expediente numa oficina de pintura de carros para ajudar no sustento da casa.

A adolescência não foi farta de dinheiro, mas a rotina era divertida, seja caçando preá no mato, seja pescando nos rios Sarapuí e Pavuna. Quando completou 18 anos, foi servir no Corpo de Fuzileiros Navais. Ali, além das questões náuticas, pôde se dedicar mais à música, já que tocava corneta na banda marcial e participava do grupo que fazia shows no pátio interno.

Já adulto, David passou a frequentar agremiações carnavalescas de Meriti, como a pequena escola de samba Fique Firme (que depois passou a se chamar Boa União de Coelho da Rocha) e o bloco Paraíso do Amor. Foi ali seu contato inicial com a batucada, já que sua formação musical até então não envolvia instrumentos de percussão. A primeira experiência foi tocando caixa de guerra.

O encantamento com o toque percussivo das baterias dos blocos e das escolas de samba veio ao mesmo tempo em que conheceu uma comunidade de jongo, bastante atuante no bairro de Coelho da Rocha. Tambu e candongueiro (os tambores do jongo) se misturaram em sua rotina aos surdos de primeira e de segunda. O ouvido de David Corrêa ia registrando aquelas sonoridades e acumulando tudo em sua bagagem musical, que começaria a desaguar pouco depois, quando ele fez seu primeiro samba para o Paraíso do Amor. Foi paixão à primeira vista:

ele gostou da música e a música adorou ter nascido por suas mãos. Casamento perfeito.

Aos 27 anos, foi reformado como sargento da Marinha, com diagnóstico de esquizofrenia, o que liberou ainda mais seu tempo para se dedicar à música. Logo começou a compor para blocos cariocas, como o Vai Se Quiser, do Engenho de Dentro, e o Quem Quiser Pode Vir, da Pavuna. Neste último teve uma experiência marcante, ao escrever o samba que deu à agremiação o título do segundo grupo dos blocos de enredo, em 1969. De quebra, ainda conseguiu sua primeira gravação em disco. Naquele ano, foi lançado o LP *Carnaval dos grandes blocos*, e uma das faixas era o samba "Baiana", do Quem Quiser Pode Vir, assinado com o nome de David Antônio Correia. O disco trazia, entre os compositores dos outros blocos, nomes como Walter Alfaiate (dos Foliões de Botafogo), Silvinho do Pandeiro (Bohêmios de Irajá), Sidney da Conceição (Vai Quem Quer) e Dida (Cacique de Ramos).

David também começou a ter contato com sambistas das escolas cariocas, descobrindo um ambiente com regras e referências totalmente diferentes de sua vivência nos blocos. Um desses novos amigos foi Catoni, autor de "Lendas e mistérios da Amazônia". Na mesma época, em São João de Meriti, a irmã de David Corrêa trabalhava no jogo do bicho e se aproximou de dois famosos contraventores: Natalino José do Nascimento, o Natal, e Carlos Teixeira Martins, o Carlinhos Maracanã, que davam as cartas na Portela. Daí surgiu o contato de David com a azul e branco. A essa altura, ele não frequentava Madureira nem Oswaldo Cruz, mas a relação com Catoni, Natal e Maracanã o aproximou da Águia.

Quando David Corrêa aportou na Portela, a escola estava em profunda ebulição. Até então, era protagonista absoluta do Carnaval carioca, com 19 títulos conquistados — a única escola que conseguiu igualar o feito até hoje, a Mangueira, só atingiu essa marca quase 50 anos depois, em 2016. Mas a década de 1970 se revelou traumática para a azul e branco. Em 11 de abril de 1971, pouco antes de David chegar, foi eleito um novo presidente, Carlinhos Maracanã. O português era apoiado por Natal, que se afastou para cuidar da saúde, mas a nova administração enfrentaria uma série de problemas internos. E a ala de compositores estava no epicentro dessa crise.

A gestão Maracanã se caracterizou pela centralização das decisões. Foi um choque para os componentes da escola. Até os anos 1960, os compositores tinham grande liderança dentro da Portela — e no Carnaval como um todo, já que foram eles que estruturaram as escolas de samba. Esse panorama começou a mudar na virada dos anos 1960 para os anos 1970, com a ascensão da figura do carnavalesco e a chegada de presidentes que não eram parte da agremiação, mas, sim, "gestores", como Carlinhos Maracanã.

Comandante da Portela até ali, não se pode dizer que Natal era um "democrata". Ele liderava a escola com mão firme, tomava decisões a seu bel-prazer e não dava satisfação de seus atos. Mas tinha atributos que o faziam ser reconhecido pelos portelenses: era um personagem político, que conciliava os interesses e admirava os sambistas, especialmente os compositores. Assim, conseguia manter certa estabilidade na quadra. Mas, quando chegou Carlinhos Maracanã, um elemento externo querendo impor suas vontades, indiferente aos apelos dos componentes e sem ter muita noção do que eles representavam, o caldo entornou. E um dos primeiros confrontos entre a nova direção e os poetas envolveu exatamente nosso David Corrêa.

O compositor chegou à escola em 1971, via o triângulo Catoni-Natal-Maracanã. Sua entrada na ala de compositores não foi tranquila. Àquela altura, as alas tinham muitas regras; não era qualquer um que podia ostentar o nobre título de "compositor da Portela". Os novatos tinham de passar por uma "prova" e depois por um "estágio", para só então serem aprovados e poderem disputar os concursos de samba.

A inscrição de David, que até então não frequentava a escola, foi cercada de polêmica. Ele conta que chegou a fazer versos para Candeia, como um teste. Mas, na noite em que seu nome foi incluído na ata para chancelar sua inclusão na ala de compositores, a reunião acabou em confusão. As páginas da ata foram rasgadas, e Catoni ficou inconformado, porque o nome de David era indicação sua. O pau quebrou e o disse me disse virou "vias de fato", com compositores brigando e alguns deles rolando pelo chão. Ao ver a pancadaria, Natal veio do interior da quadra, procurando saber o que estava acontecendo. No caminho, encontrou Joãozinho da Pecadora (autor de "Pecadora"), que deixava a reunião desgostoso. "O que é que está acontecendo lá dentro?", perguntou Natal. Joãozinho respondeu: "Ah, seu Natal, isso não é mais a minha Portela... Vai lá ver: um chão salpicado de poetas!"

O fato é que David Corrêa começou a frequentar a escola e acabou participando da disputa de samba para o desfile de 1972, embora sua situação na ala de compositores ainda não estivesse totalmente regularizada. Nesse pré-Carnaval, se acirraram os ânimos entre Carlinhos Maracanã e o grupo dos chamados "tradicionalistas", quando o presidente colocou no Departamento Cultural o pesquisador Hiram Araújo, que já havia exercido a mesma função na Imperatriz Leopoldinense. Até então, Candeia era um dos líderes do departamento, e a entrada do novo membro deixou o clima esquisito nos bastidores portelenses.

Em meados de 1972, os compositores decidiram organizar um concurso de sambas de terreiro. Uma das ideias era justamente promover uma "limpa" na ala, já que havia a desconfiança de que alguns membros não compunham para valer. As obras vencedoras seriam reunidas num álbum a ser lançado pela gravadora Odeon, produzido por Paulinho da Viola. O concurso foi aberto, e David Corrêa inscreveu um samba. Os organizadores da disputa — Candeia, Carlos Elias e Paulinho da Viola — ficaram desconfortáveis, porque ele ainda estava em "período probatório". Mas resolveram aceitar, já que a ideia era justamente testar os novos nomes.

A obra de David foi cortada logo em uma das primeiras eliminatórias. "O samba dele foi eliminado porque na época havia um samba novo do Vinicius de Moraes [com Toquinho], 'A Tonga da Mironga do Kabuletê', e ele fez um samba que era a mesma coisa",[1] justificou Candeia.

Apesar da eliminação, Carlinhos Maracanã insistiu para que David Corrêa cantasse seu samba no concurso, para revolta da organização: "[Maracanã] se aborreceu e disse lá o seguinte: 'Pô, eu fiz um pedido, sou presidente da escola, certo ou errado, tem que fazer o que eu mando, entendeu?' [...] Então, eu achei que não devia fazer e tirei minha camisa — nessa época a gente usava camisas iguais —, pedi uma emprestada ao Waldir 59, fui embora e não voltei mais",[2] contou Carlos Elias, o primeiro dos bambas portelenses a se afastar por brigas com Maracanã.

Carlinhos Maracanã deu sua versão no livro *Clara Nunes — Guerreira da utopia*, de Vagner Fernandes:

> Havia uma resistência tremenda dos veteranos aos compositores novos que chegaram à Portela. Eles mesmos criaram uma espécie de estatuto, por meio do qual pregavam que, para um novato ingressar na Ala dos Compositores, não bastava ter talento, mas cumprir um estágio de cinco anos dentro da agremiação. Então

---

1. Rabello, João Bosco. "Escola de samba, cultura popular". *Correio Braziliense*, Suplemento Especial, 22 jan. 1978.
2. Idem.

se o cara fosse excelente e fizesse um samba muito bom não poderia cantá-lo porque era estagiário. Isso causou muita confusão dentro da escola. Por que não abrir espaço pros novos? A turma não admitia. Houve um episódio que acabou sendo a gota d'água. Num ensaio da Portela no Mourisco, em Botafogo, David Corrêa, na época cumprindo o tal período de estágio, quis cantar um samba. Pediu a Candeia, que negou dizendo que ele não poderia; que era norma da Ala dos Compositores. O David ficou mal e foi falar comigo. Eu repassei o caso pro Natal na mesma hora. Ele também estava lá. Pronto: o tumulto se formou. Natal ficou uma fera e decidiu acabar com aquilo. O pessoal da ala argumentava: "Natal, isso é regra." O Natal bateu o martelo: "Regra o cacete! A regra aqui sou eu, porra! Ele vai cantar." David subiu ao palco e soltou o vozeirão. O pessoal não gostou.

A celeuma não acabou aí. Como previsto, foi gravado pela Odeon o disco *Minha Portela querida*, com os vencedores do concurso. O LP trouxe obras de Candeia, Paulinho da Viola, Joãozinho da Pecadora, Wilson Bombeiro, Carlos Elias, Monarco, Casquinha, Catoni, Velha e Alberto Lonato. Mas Carlinhos Maracanã não ficou satisfeito com o resultado da disputa e resolveu produzir às pressas um outro disco, com músicas que não foram classificadas — entre elas, claro, a de David Corrêa. No mesmo ano de 1972, chegou às lojas o LP *Grêmio Recreativo Escola de Samba da Portela*, lançado pela gravadora Continental, com obras de Wilson Moreira, Ventura, Ary do Cavaco, Cabana, Waldir 59,

Walter Rosa, Silvinho do Pandeiro e Norival Reis. A terceira faixa era "Manchete", o tal samba eliminado de David Corrêa.

Mas os problemas da ala de compositores não se restringiam às quedas de braço com a direção da escola. Os poetas brigavam com a presidência e também digladiavam entre si. Havia um embate entre os mais antigos e a garotada nova, que estava chegando à Portela. Na primeira metade dos anos 1970, foi enorme o número de autores que se integraram à azul e branco, entre eles Agepê, Romildo, Toninho Nascimento, João Nogueira, Luiz Ayrão, Jair Amorim, Evaldo Gouveia e David Corrêa. Considerados forasteiros, muitos deles eram chamados de "gringos". Contra David, ainda circulava outro comentário desairoso: "Esse aí é compositor de bloco..."

Qual não foi a surpresa dessa turma quando, na disputa de samba para o Carnaval de 1973, cujo enredo era "Pasárgada, sou amigo do rei", David Corrêa inscreveu sua obra sozinho e ganhou a competição, na cena descrita no início deste capítulo. Durante as eliminatórias, dizia-se que o favorito era Zé Kéti, cujo samba trazia os versos "Eu vou envolver-me em milhões de flores/ Terei mais amigos, serei feliz nos amores/ Quero para mim meu reino todo inteirinho/ [...] Eu vou encontrar meu amigo rei/ E eternamente cantarei". Mas o autor de "A voz do morro" foi eliminado antes da semifinal.

O derrotado na final por David Corrêa foi justamente o compositor que o levou para a Portela: Catoni. O samba dele em parceria com Joel Menezes era bastante elogiado: "Eu vou-me embora pra lá/ Eu vou-me embora pra mim/ É natural que eu me vá/ Pro reino que mora em mim." Mas David conquistou a escola com seu samba curto e de fácil assimilação:

> Auê, auê, auê, eu sei
> Eu sei que sou o amigo do rei
> Nas ondas do mar, caminhei
> No azul do céu eu voei
> E lá vem ela na Avenida
> Cinquentenária tão florida
> Ô Portela, Portela
> Na vida és a Pasárgada mais bela
>
> "Pasárgada, sou amigo do rei", 1973 (David Corrêa)

David Corrêa conta que teve dificuldades para compreender o poema de Manuel Bandeira, "Vou-me embora pra Pasárgada", no qual o enredo foi baseado. Quando procurou numa enciclopédia o significado de Pasárgada, descobriu que se tratava de um reino cheio de paz e harmonia. Ora, se aquele lugar o fazia sentir-se feliz, esse lugar era a Portela! Foi a chave para criar a letra: em vez de exaltar o poema, como os sambas de seus adversários, ele se colocou no lugar de Bandeira e transformou a Portela em sua Pasárgada.

À época, David preferia escrever sozinho, sem parceiros, por achar difícil fazer samba com outros compositores. Foi rascunhando as ideias e chegou a compor seis letras diferentes: "Os sambas que eu ia fazendo e não gostava, jogava fora. Percebi que tinha acertado quando cantei o último em casa. Minhas sobrinhas começaram logo a dançar e eu pensei: É esse!"[3]

A repercussão foi imediata. Com a Portela em alta e a obra de David bastante comentada nos bastidores do Carnaval, muita gente ficou de olho no samba do novato. Apenas três dias depois da final portelense, *O Globo* publicava uma reportagem com o título "Quatro gravadoras já interessadas no samba de David da Portela".[4] Apesar da boa expectativa, na Avenida a azul e branco fez uma apresentação apenas correta, conquistando o quarto lugar, o que na época era uma colocação ruim para a Portela.

No desfile, surgiu uma novidade no carro de som: David Corrêa cantou o samba ao lado do puxador oficial, Silvinho. O feito era comum à época, já que boa parte das escolas dava oportunidade aos compositores de entoarem seus sambas na Avenida. Mas com David o hábito permaneceu por toda a carreira: ele sempre assumiu o microfone quando suas obras desfilavam. E isso valeu para todas as escolas por onde passou.

A Portela não foi campeã, mas o samba "Pasárgada, sou amigo do rei" ganhou vida própria e teve excelente desempenho no pós-Carnaval. Além de registrado nos dois discos de sambas-enredo daquele ano (como era comum à época), teve

---

3. "Portela, de sonhos e alegrias: Pasárgada". *O Globo*, Segunda Seção, 2 mar. 1973, p. 1.
4. "Quatro gravadoras já interessadas no samba de David da Portela". *O Globo*, 6 dez. 1972, p. 3.

várias outras gravações ainda em 1973, nas vozes de Ataulpho Alves Junior, As Gatas, Noel Rosa de Oliveira e do grupo Explosão do Samba (que a gravou em dois álbuns diferentes). Ainda houve versões instrumentais, nos discos de Milton Banana e de Netinho Clarinete, além do álbum *Samba's School*, que trazia versões dos sambas-enredo cariocas em inglês.

   Logo depois de estrear como compositor e cantor no Carnaval, David deu o pontapé inicial para sua carreira no "samba de meio de ano" — que não era ligado às escolas de samba. Nessa seara, também teve longa trajetória e muitos sucessos, com discos gravados e várias músicas lançadas nas vozes de grandes cantores da MPB. Um marco no início dessa jornada foram as duas canções gravadas por Elza Soares em seu disco de 1974. "Bom dia, Portela" (David Corrêa/Bebeto Di São João) abriu o LP e tocou bastante nas rádios: "Se alguém perguntar/ Se por acaso eu sou feliz (eu sou feliz)/ Meu destino é quem diz/ Pois a felicidade é difícil de achar." A outra faixa, "Meia-noite já é dia" (Norival Reis/David Corrêa), também teve boa execução: "Pau, pau, pau, olha o pau/ Pau, pau, pau/ É meia-noite, na Portela já é dia/ Até parece que eu estou lá na Bahia."

   David também ia pavimentando sua estrada como cantor. Participou de dois "paus de sebo", como eram chamados os LPs que reuniam vários intérpretes, muitos deles iniciantes, para apresentar seus trabalhos. Em 1973, abriu o disco *Eu quero é cair na folia* cantando "Quero ver minha escola passar" (David Corrêa). No ano seguinte, foi um dos destaques do álbum *Tem gente bamba na roda de samba*, em que também cantava a faixa de abertura, "Bom dia, Portela", além do samba "Não acredito em mulher" (David Corrêa/Bebeto Di São João). Esse LP marcou a estreia em estúdio de Nei Lopes.

Com a carreira em alta, e com dois sambas na voz de Elza Soares que exaltavam a Portela, David Corrêa ganhou moral em Madureira. Mas o samba escolhido pela escola para o Carnaval de 1974 não seria dele, e sim da dupla Jair Amorim e Evaldo Gouveia (em parceria com Velha), o que iria esquentar a polêmica entre a ala de compositores e a diretoria. Artistas identificados com o bolero e as canções românticas, Jair e Evaldo foram convidados para a escola por Natal, depois do sucesso de "O conde", música que exaltava a Portela e a porta-bandeira Vilma Nascimento. A estreia deles nas disputas portelenses ocorrera no ano anterior, quando foram derrotados por David Corrêa. Mas a vitória da dupla de "gringos" em 1974, com "O mundo melhor de Pixinguinha", não foi engolida por alguns compositores, como Zé Kéti, que se afastou definitivamente da azul e branco.

David Corrêa, o estopim inicial da briga, venceu novamente a disputa de samba-enredo em 1975, em parceria com Norival Reis. Foram três anos seguidos em que os sambas da Portela foram entregues aos novos nomes. Os mais tradicionais da ala de compositores ficaram insatisfeitos. Logo após o Carnaval, um grupo liderado por Candeia e Paulinho da Viola redigiu um manifesto com uma série de reivindicações, que foi entregue à direção da escola. Eles apelavam por uma gestão menos centralizadora e por mudanças em vários setores. No texto, havia muitos tópicos relacionados aos sambas-enredo:

- Criticavam a ideia de que sambas curtos eram os mais comunicativos, pedindo liberdade de criação em relação ao número de versos.

- Defendiam que a escolha do samba-enredo deveria ser feita pela comissão de Carnaval, levando em consideração a opinião dos compositores, sem se influenciar pelas torcidas na quadra e por outros "interesses".

- Sugeriam concursos internos de samba de terreiro e festivais de partido-alto.

- Pediam a proibição da entrada de novos compositores, condicionando a filiação à abertura de novas vagas na ala.

Como se vê, havia um atrito enorme entre a geração mais antiga e os novos compositores, que trouxeram mudanças ao formato dos sambas e à própria compreensão do que era a essência de uma escola de samba. Esse fenômeno não aconteceu apenas na Portela. Os sambas-enredo de sucesso nos carnavais anteriores eram mais curtos, de refrãos fáceis, como os campeões "Bahia de todos os deuses" (1969) e "Festa para um rei negro" (1971), do Salgueiro; "Lendas e mistérios da Amazônia" (1970), da própria Portela; e "Alô... Alô...Taí Carmen Miranda" (1972), do Império Serrano. Com isso, os compositores que haviam criado o gênero e dominado as escolas até os anos 1960 perdiam espaço, porque seu estilo não se encaixava com as necessidades da "modernidade".

Esse choque geracional podia ser percebido nos movimentos internos de várias agremiações. Nos anos 1970, Elton Medeiros se afastou da Unidos de Lucas; Cartola e Nelson Sargento já estavam longe do dia a dia da Mangueira; Silas de Oliveira se desestabilizou ao perder a disputa de samba do Império em 1972. Entretanto, despontavam os autores do "novo samba-enredo", como Zuzuca, Noca da Portela e David Corrêa. Os bambas da antiga pareciam resignados diante desse momento de transição. Cartola apontou a diferença entre os formatos de composição:

> O ritmo hoje é diferente, não é mais o meu estilo, o estilo de Ismael Silva, de Zé Kéti. Não é mais o estilo de Elton Medeiros. Nós fazemos samba puro, samba limpo. Nossa música é cafona na visão da moçada nova, mas antigamente tinha mais harmonia.[5]

Cinco anos mais novo do que David Corrêa, Paulinho da Viola poderia ser considerado da "nova geração", mas se identificava muito mais com o estilo da velha guarda e criticava as transformações:

> Devido a uma série de influências externas, muitas escolas romperam com suas tradições, descaracterizando-se por completo. [...] Agora os sambas parecem um calango frenético, uma nova disco-

---

5. Silveira, Emília. "Cultura popular: morte e sobrevivência do que o Rio criou". *Jornal do Brasil*, Caderno B, 20 abr. 1974, p. 1.

teque — tudo muito igual, sem melodia. Não consigo ficar dez minutos sem me sentir cansado. Nomes como Padeirinho, Geraldo Babão, Mano Décio, Silas de Oliveira, Candeia e Preto Rico fizeram importantes sambas. Hoje o samba tem o compromisso de "pegar rápido" para disputar o maior número de execução nas rádios.[6]

Símbolo dessa transição de gerações, David Corrêa explicava os motivos de tantas mudanças na estrutura do samba-enredo:

> Antigamente ninguém dava importância ao desfile das escolas, ao contrário do que acontece hoje. Então eu acho que o samba tem que ter a participação do público, não pode ter mais de 30 linhas. O desfile acaba cedo, tem tempo marcado. Antes acabava às duas da tarde. Até a porta-bandeira, que antes evoluía uns 20 minutos na frente dos jurados, só passa. Tudo mudou. Os sambas antigos são bonitos, mas ninguém sabe cantar.[7]

Na Portela, que tinha a ala de compositores mais estrelada do Carnaval, essa cisão se revelou especialmente traumática. Zé Kéti e Carlos Elias já tinham deixado a escola. Em meados de 1975, depois de terem seu manifesto ignorado pela diretoria, foi a vez de Candeia e Paulinho da Viola tirarem o time de

---

6. "Paulinho: Parece um calango frenético". *O Globo*, 29 jan. 1981, p. 31.
7. Aragão, Diana. "O samba-enredo de novo nas lojas". *Jornal do Brasil*, Caderno B, 8 dez. 1980, p. 5.

campo, acompanhados de um grupo de portelenses. No fim do ano, ao lado de nomes como Monarco, Wilson Moreira, Jorge Coutinho, Elton Medeiros e Waldir 59, entre outros, fundaram o Grêmio Recreativo de Arte Negra e Escola de Samba Quilombo, que lutava pela manutenção das raízes do samba. Enquanto isso, Carlinhos Maracanã reafirmava seu poder na Portela, e anos depois diria ter acabado com a "máfia" da escola,[8] referindo-se aos compositores da antiga.

David Corrêa, um dos pivôs da crise, respondia com grandes sambas. O de 1975 foi um deles, vencedor do primeiro Estandarte de Ouro de Samba-Enredo da história da Portela. "Macunaíma, herói de nossa gente" teve mais de trinta regravações e chegou a virar clipe no *Fantástico*, programa dominical da TV Globo, na voz de Clara Nunes. A cantora, aliás, puxou a escola na Avenida, ao lado de Silvinho do Pandeiro, David Corrêa e Candeia, um carro de som inesquecível. A Portela ficou apenas em quinto lugar, mas o samba marcou época.

Vou-me embora, vou-me embora
Eu aqui volto mais não
Vou morar no infinito
E virar constelação

---

8. Buscácio, Gabriela Cordeiro. "A chama não se apagou: Candeia e a GRAN Quilombo — Movimentos negros e escolas de samba nos anos 70", p. 111.

Portela apresenta do folclore tradições
Milagres do sertão à mata virgem
Assombrada com mil tentações

"Macunaíma, herói de nossa gente", 1975 (David Corrêa e Norival Reis)

David Corrêa trazia um frescor em suas composições, como forma de se adaptar aos jovens que frequentavam as quadras:

> Naquela época, este não era o programa ideal para a juventude. Os sambas eram muito longos, cansativos. Quando entrei para a Ala de Compositores da Portela, comecei a introduzir sambas mais animados e com refrões.[9]

O sucesso de suas obras — tanto os sambas-enredo quanto as músicas de meio de ano — podia ser comprovado nos ensaios da azul e branco. Tocar um samba de David Corrêa era garantia de público animado. "Eu arrebentava no terreiro, todo mundo caía dentro, até os turistas que iam lá no Mourisco. Meus sambas eram diferentes. Os sambas dos compositores da antiga eram cantados, mas não balançavam o público. O segredo era embalar o povo",[10] conta David.

Outra característica do portelense que começava a sobressair era seu estilo de cantar. Nas disputas de quadra, ele sempre

---

9. "Paixão pelo ritmo começou cedo e contagiou várias escolas". *O Globo*, Jornais de Bairro, 1 nov. 1990, p. 83.
10. Entrevista ao autor.

defendia suas obras, puxando o samba de forma a levar o público com ele, com cacos, chamadas, frases de empolgação — estratégia que trouxe dos blocos. Era um legítimo "puxador", com o exato significado que se atribuiu à palavra no meio carnavalesco: aquele que puxa a escola, que carrega os componentes no desfile. Os concorrentes do compositor sabiam que não competiam apenas com seus sambas, mas também com a energia que ele trazia para a quadra quando cantava. Esse jeito peculiar acabou sendo visto diversas vezes na Avenida, já que David puxou no desfile oficial todos os sambas que escreveu.

O balanço do portelense teve repercussão fora da escola e ele ganhou a chance de lançar um LP próprio, pela gravadora Polydor. O samba estava em alta na indústria fonográfica. No início da década de 1970, Martinho da Vila e Paulinho da Viola atingiram bons resultados comerciais. Em 1974, Clara Nunes rompeu o tabu de que cantoras não vendiam disco, estourando com o álbum *Alvorecer*. O gênero se tornou um filão de mercado, e as gravadoras começaram a povoar seus *castings* com sambistas.

David Corrêa foi uma dessas apostas. O disco *Menino bom* trouxe nove músicas de sua autoria, sendo sete delas em parceria com Toninho Nascimento. Além disso, havia quatro faixas com músicas de outros autores — uma delas era um ótimo *pot-pourri* de partido-alto com composições de Gracia do Salgueiro. O lançamento, em 1976, aconteceu nas famosas Noitadas de Samba do Teatro Opinião.

A música-título do LP, "Menino bom", era de autoria de Romildo e Carlito Cavalcanti, e foi um samba feito para o enredo da Portela de 1974, "O mundo melhor de Pixinguinha". A obra foi derrotada na final (na controversa vitória de Evaldo Gouveia, Jair Amorim e Velha), mas acabou sendo registrada dois anos depois no álbum citado acima: "Menino bom pelo Rio de Janeiro/ Deu o tom de seresteiro e o seu mundo encontrou". Na capa do LP, há um outro verso extraído deste samba: "Sou Portela toda prosa/ Carinhosa pra você."

Outra curiosidade do disco é a faixa "Império dos Aruás". Esse foi o samba-enredo de David Corrêa, em parceria com Norival Reis e Joel Menezes, derrotado na disputa da azul e branco no Carnaval de 1976, no enredo "O homem do Pacoval": "Bumba, sinhô/ Bumba, sinhá!/ É de Marajó/ E cuidado com o boi-bumbá." Os vitoriosos naquele ano foram Noca da Portela, Colombo e Edir — foi a primeira vez que um samba de Noca foi vencedor na escola de Madureira, da qual também se tornaria um dos maiores vencedores.

Joel Menezes conta uma história sobre esse samba que dá uma dimensão da genialidade de David.

> Fui pra casa dele e fiquei uns três dias lá pra fazermos o samba. Eu e Norival rascunhamos a letra, e David colocou nove melodias diferentes! Ele perguntava: "Como você quer, em tom maior ou tom menor? Quer que a primeira seja em maior e a segunda em menor, ou o contrário?" E ia compondo. David não

toca nenhum instrumento, mas Deus lhe deu esse dom, e ele fez melodias antológicas.[11]

O disco *Menino bom* não estourou. Mas serviu para consolidar o nome de David como cantor e compositor. Ele passara a se apresentar em casas de shows, tinha um repertório, era um artista com carreira no mundo do samba. Além disso, outros intérpretes começaram a lançar suas músicas inéditas, como Roberto Ribeiro, Gasolina e Renata Lu.

No ano seguinte, David fez parte de um movimento de compositores pela valorização de suas obras. Com a popularidade do gênero, proliferaram pelo país rodas de samba e pagodes que rendiam dinheiro somente para os organizadores. Os autores das músicas ficavam a ver navios. Pior: ao serem convidados para cantar, recebiam uma mixaria e eram obrigados a mostrar apenas as canções de sucesso, sem possibilidade de trabalhar outras músicas. Para lutar contra essa situação, 21 compositores se reuniram para criar o "Grupo de Ouro". Eles redigiram um manifesto com suas principais reivindicações e fizeram pagodes para arrecadar fundos.

Entre os integrantes, além de David Corrêa, estavam Dedé da Portela, Romildo, Toninho Nascimento e Ary do Cavaco (Portela); Rubens, Pelado, Otacílio e Jurandir (Mangueira); Dominguinhos do Estácio, Dario Marciano e Aderbal Moreira (São

---

11. Depoimento de Joel Menezes ao "Projeto Memórias dos Portelenses".

Carlos); Gracia (Salgueiro); Carlito Cavalcanti (União de Jacarepaguá); Luiz Grande (Imperatriz); Jorginho Pessanha e Maneco (Império Serrano); Mendes e Neoci (Cacique de Ramos); Dida e Gemeu (Vila Isabel). O Grupo de Ouro chegou a lançar um disco em 1977, chamado Elite do samba, no qual David cantou "Lágrima serena" (David Corrêa/Toninho Nascimento).

Politizado, David sempre lutou por melhores condições para os compositores. Ao lado de Beto Sem Braço, organizou uma passeata pela Avenida Rio Branco para reivindicar mais clareza no recolhimento dos direitos autorais. Ao se aproximar ainda mais do tema, chegou a trabalhar no Ecad (o escritório de arrecadação e distribuição de direitos) e concorreu nas eleições da UBC (União Brasileira de Compositores).

Apesar de sua carreira como cantor e compositor estar em fase ascendente, na Portela os anos foram de seca. De 1973 a 1975, havia emplacado dois sambas, mas nas três disputas seguintes foi derrotado. Em 1976 e 1977, chegou à final e perdeu. Mas, em 1978, seu samba foi cortado logo no início das eliminatórias. Naquele ano, a decisão ficou entre o samba de Noca da Portela; o de Luiz Ayrão; o de Agepê; e o de Evaldo Gouveia e Jair Amorim, que foi o escolhido.

Obcecado pela vitória, David Corrêa não pensou duas vezes: foi tentar a sorte em outra escola. Surpreendendo o mundo do samba, ele se inscreveu naquele mesmo ano para a disputa da Beija-Flor, que aconteceu um pouco depois do certame portelense. Os compositores de Nilópolis chiaram e tentaram barrar sua entrada, mas o patrono da escola, Anísio Abraão David, permitiu a participação. No final, foi feita uma fusão do samba de Neguinho da Beija-Flor com o de Mazinho e Gilson Doutor, que se tornou um grande clássico — "A criação do mundo na tradição nagô" deu o tricampeonato à azul e branco da Baixada. Apesar da derrota, a atitude de David Corrêa começava a revelar outra de suas características: ele não era apegado a bandeiras.

A Beija-Flor foi apenas uma aventura passageira e, para o Carnaval de 1979, David voltou à Portela. O clima na escola continuava quente, como ficou claro na reportagem de duas páginas inteiras publicada pela jornalista Lena Frias no *Jornal do Brasil*, com o título "O desfile é uma trégua na guerra da escola dividida". Faltavam poucos dias para o Carnaval e o texto explicitava as divergências internas: a insatisfação com Carlinhos Maracanã ia dos compositores à velha guarda, passando por nomes como Vilma Nascimento, que desfilaria pela última vez como porta-bandeira da escola, Mestre Marçal, os filhos de Natal e até o ex-aliado Hiram Araújo.

O enredo era "Incrível, fantástico, extraordinário", elaborado pelo recém-contratado Viriato Ferreira. A vinda do carnavalesco tinha o objetivo de reforçar o aspecto visual, já que nos outros quesitos os portelenses se garantiam. Prova disso foi o samba escolhido, de autoria de David Corrêa, Tião Nascimento e J. Rodrigues, mais uma vez vencedor do Estandarte de Ouro.

O carioca tem um "quê"
Sabe amar e viver

Ao dançar no salão ou no cordão
Trabalha de janeiro a janeiro
Em fevereiro cai na delícia da folia
Mestre-sala e porta-bandeira
Riscam o chão de poesia

Segura baiana, ioiô e iaiá
Na quarta-feira tudo vai se acabar

"Incrível, fantástico, extraordinário", 1979
(David Corrêa, Tião Nascimento e J. Rodrigues)

O desfile foi arrasador, estampando as capas dos jornais como favorito ao título. Além do Estandarte de Ouro de Melhor Samba-Enredo, a Portela ainda ganhou o Estandarte de Melhor Escola e outros quatro troféus no prêmio concedido pelo jornal *O Globo*, um recorde na história da premiação. Mas, para surpresa geral, a azul e branco terminou num decepcionante terceiro lugar, atrás de Mocidade e Beija-Flor.

"Incrível, fantástico, extraordinário" estava num nível tão acima dos demais que mereceu um capítulo no livro *Por que perdeu? Dez desfiles derrotados que fizeram história*, de Marcelo de Mello. O texto comenta as qualidades do samba de David Corrêa, o único a merecer nota 10 de todos os jurados:

Os versos eram alongados de maneira que nenhuma sílaba, de palavra alguma, fosse "atropelada". Assim, trechos sem grande inventividade literária cresciam ao serem cantados como se as palavras tivessem mais vogais do que na escrita. Tinha-se essa impressão no verso "Incrível, fantástico, extraordinááário...". E o uso da musicalidade das vogais era evidente no refrão "Ô, ô, ô, ô, ô, ô, ô, ô, ô/ Ô, ô, ô, ô/ Alegria já contagiou/ A ordem do rei é brincaaar/ Quaaatro dias sem parar". Não é um achado de letra, mas gostoso na Avenida porque permitia cantar sem dificuldade alguma, abrir os braços e expressar a euforia a plenos pulmões.[12]

Marcelo de Mello relembra ainda que o mesmo recurso foi usado por Silas de Oliveira no inesquecível "lalalalaiá" de "Aquarela brasileira": "O bom compositor sabe que uma música cantada por mais de uma hora precisa facilitar a respiração e empolgar."[13]

O injusto terceiro lugar no Carnaval de 1979 fez os portelenses saírem da apuração gritando "É marmelada!", o que inspirou Viriato Ferreira a criar o enredo de 1980, "Hoje tem marmelada", sobre o universo circense. A sinopse passada aos compositores tinha menos de vinte linhas, o que lhes dava grande liberdade de criação.

David Corrêa voltou a se unir ao parceiro de "Macunaíma", Norival Reis. Mas dessa vez a dupla incorporou um novo compositor: o policial rodoviário Jorge Macedo, recém-chegado à

---

12. Mello, Marcelo de. *Por que perdeu? Dez desfiles derrotados que fizeram história*, p. 56.
13. Idem.

Portela, que se tornaria o maior parceiro da carreira de David. O trio compôs o samba e inscreveu-o no concurso. Depois da primeira apresentação na quadra, vários colegas alertaram os autores: o refrão de "Hoje tem marmelada" tinha melodia praticamente igual à de "Incrível, fantástico, extraordinário". O samba então foi retirado da disputa para que os autores fizessem as correções necessárias. Norival Reis relembra:

> Eu juro por Deus: é melhor fazer dez composições novas do que refazer um trecho já pronto. Suamos que nem estreantes. Mas valeu! No meio da disputa, concorrentes fortes como Jabolô, Cardosinho, Hilton Veneno e Jair do Cavaquinho chegavam perto da gente dizendo: "Não vai dar pra ninguém, vocês já ganharam." Ouvir isso de quem estava disputando foi a glória.[14]

E eles estavam certos: o samba foi o vencedor, embalando o ótimo desfile da Portela no Carnaval de 1980. A obra ganharia nota 10 do júri oficial e levaria a azul e branco ao título, o único de David Corrêa como compositor — a Portela foi campeã num empate tríplice com Beija-Flor e Imperatriz.

Como é doce ser criança outra vez
E me atirar nos braços da alegria

---

14. "Samba-enredo: a arte de fazer música e versos com amor e liberdade". *O Globo*, Jornal da Família, 17 fev. 1980, p. 2.

Quero me perder na minha imaginação
E brincar na ilusão

Ôôôô ôôôô
Vem de lá, ô criançada
Que hoje tem marmelada
Pois o circo já chegou

"Hoje tem marmelada", 1980
(David Corrêa, Jorge Macedo e Norival Reis)

A alegria de ajudar Madureira a conquistar a vigésima estrela de sua bandeira foi grande, mas as emoções do ano seguinte seriam ainda maiores para o compositor. Não que a Portela fosse alcançar o bicampeonato — foi a Imperatriz quem chegou lá. Mas o samba de 1981, "Das maravilhas do mar fez-se o esplendor de uma noite", seria o mais marcante de toda a sua carreira.

David Corrêa descobriu que o carnavalesco Viriato Ferreira estava planejando um desfile sobre o mar ainda na Quaresma. Dias depois, sem saber exatamente quais seriam os caminhos seguidos pelo enredo, já tinha criado o refrão: "E lá vou eu/ Pela imensidão do mar/ Essa onda que borda a Avenida de espuma/ Me arrasta a sambar." Ex-sargento da Marinha, o compositor tinha forte relação com o tema:

> O mar está de tal forma presente na minha vida que nem sequer precisei do resumo do enredo. Os versos foram surgindo, de forma

natural, junto com a melodia. Tomei apenas a preocupação de fazê-los de um jeito que me permitisse encaixá-los em qualquer outro texto de samba. Ali já estava o tema básico, explorando o mar e a imagem da escola em desfile na Avenida.[15]

O passo seguinte foi convidar o parceiro Jorge Macedo para desenvolver o samba, depois que finalmente foi divulgada a sinopse do enredo. Macedo conta como se deu o processo criativo na elaboração dessa obra-prima:

> A única recomendação que ele me fez foi que me transportasse para o tema, se possível em êxtase poético, sem pensar na sinopse descritiva, que o carnavalesco dá a todos da Ala dos Compositores. Então fomos para Barra de Guaratiba, ficar numa casinha junto da praia. Uma tarde, estávamos lá nas pedras da enseada, quando me veio uma quadra completa do samba: "Deixa-me encantar/ Com tudo teu e revelar/ O que vai acontecer nesta noite de esplendor/ O mar subiu na linha do horizonte/ Desaguando como fonte/ Ao vento a ilusão teceu."[16]

Mas algumas obras só ficam definitivamente prontas quando encontram seu público. Foi o caso do samba de 1981. Na disputa, já dava para perceber que a composição da dupla se

---

15. "Melodia forte e bom estribilho: para os autores, o segredo do sucesso". *O Globo*, 25 fev. 1981, p. 29.
16. Idem.

destacava. O apoio popular foi tão grande que um episódio acabou contribuindo para dar forma final à letra. David conta que muita gente queria participar das apresentações na quadra. O palco ficava cheio de componentes, a torcida se agitava. Certa noite, antes de entrar no refrão do meio, cantou: "O mar…" A turma que estava no palco respondeu: "Ô, o mar!" Ele incorporou o "caco" no microfone oficial, com aquela sua empolgação característica. E todo mundo veio junto.

Na noite seguinte, quando cantou esse trecho, ganhou nova resposta: "O mar (ô, o mar)/ Por onde andei mareou…" E a quadra inteira: "Ma-re-ou…" Nascia assim o samba como o conhecemos: "O mar (ô, o mar)/ Por onde andei mareou (mareou)." "Foi a voz do povo, eu tinha que acrescentar isso. Era uma coisa meio partido-alto, meio roda de samba, quando o público participa ativamente",[17] explicou David.

A competição seguia e, quanto mais a quadra cantava seu samba, mais os concorrentes queriam derrotá-lo. Uma das justificativas dadas pelos adversários para desmerecer a obra era que não se podia "andar sobre o mar", ao contrário do que sugeria o verso "O mar por onde andei mareou". A mesma crítica já tinha sido feita ao samba de 1973, que trazia o trecho "Nas ondas do mar, caminhei/ No azul do céu eu voei". Os detratores resmungavam: "Esse cara tá pensando que é Jesus Cristo pra caminhar sobre o mar?"

---

17. Depoimento ao Museu do Samba — David Corrêa. 6 abr. 2013.

O verbo "marear" também causou controvérsia. David não se abalava e tinha a resposta na ponta da língua para justificar suas escolhas poéticas:

> O pessoal da Velha Guarda vinha me perguntar se existia o verbo "marear" porque estranhavam o tipo de letra. Existe, mas mesmo se não existisse, eu dizia a eles que não haveria erro. A um deles eu respondi assim: "Sabe aquela jaqueira que existe na Portela? Então, se você quiser escrever no teu samba que vai jaqueirar, o problema é teu."[18]

Em "Das maravilhas do mar fez-se o esplendor de uma noite" ficaram evidentes algumas características das obras de David Corrêa. O uso da primeira pessoa, por exemplo, gerando uma relação afetiva com a letra, está presente em todos os sambas que compôs para a Portela. Outra particularidade, dessa vez melódica, é a influência da sonoridade do jongo, lembrança da adolescência, que pode ser percebida no refrão do meio: "Dança quem tá na roda/ Roda de brincar/ Prosa na boca do tempo/ E vem marear." Na final da disputa, o samba de David Corrêa e Jorge Macedo já tinha tomado a quadra. A vitória foi inevitável.

---

18. Mello, Marcelo de. *O enredo do meu samba: A história de quinze sambas-enredo imortais*, p. 104.

Eis o cortejo irreal
Com as maravilhas do mar
Fazendo o meu Carnaval
É a vida a brincar
A luz raiou pra clarear a poesia
Num sentimento que desperta na folia
Amor, sorria, ôôô
Um novo dia despertou

"Das maravilhas do mar fez-se o esplendor de uma noite", 1981
(David Corrêa e Jorge Macedo)

A música virou febre na cidade antes mesmo do desfile, como descreveu o jornal *O Globo* em reportagem de fevereiro de 1981:

> No Carnaval deste ano, os clássicos "Mamãe eu quero", "Aurora" e "Alá-laô", tradicionais donos do canto do povo nas ruas e nos salões, terão sério rival: o samba-enredo "Das maravilhas do mar fez-se o esplendor de uma noite", de título quilométrico, mas de letra simples e sedutora melodia, que já conquistou os foliões de todo o país. Sintoma disso é que, no momento em que os maestros de orquestras, nos bailes pré-carnavalescos, ou diretores de harmonia, nos terreiros de samba, percebem que a alegria está baixando, revigoram a animação com os acordes do samba "Das maravilhas do mar".[19]

---

19. "Melodia forte e bom estribilho: para os autores, o segredo do sucesso". *O Globo*, 25 fev. 1981, p. 29.

Apesar de toda a expectativa do pré-carnaval, o desfile da Portela não correspondeu. O samba rendeu bem, mas a pista foi invadida e a evolução virou uma bagunça, deixando a azul e branco em terceiro lugar. Mas nos quesitos Samba-Enredo e Harmonia, a Portela foi a única escola a obter nota 10 de todos os jurados. De quebra, David Corrêa faturou seu terceiro Estandarte de Ouro de Melhor Samba-Enredo.

Madureira pode não ter festejado o título, mas David Corrêa foi o grande vencedor daquele Carnaval. Em 27 de março de 1981 o *Jornal do Brasil* anunciava as atrações do "Globo de Ouro", programa da TV Globo que ia ao ar naquela noite: "No paradão, as presenças de Roberto Carlos, Djavan e David Corrêa."[20] O samba da Portela colocou nosso poeta na parada de sucessos ao lado do Rei Roberto Carlos.

E não foi só isso: o cantor também se apresentou em programas como a *Discoteca do Chacrinha* e o *Fantástico.* Em dezembro, na conquista do Campeonato Mundial de Clubes, no Japão, os jogadores do Flamengo escolheram o samba da Portela para festejar. Na saída do Estádio Nacional de Tóquio, com a taça na mão, os atletas cantaram "Das maravilhas do mar...", com Júnior no pandeiro, Adílio no chocalho e Zico no tamborim.

Mais do que arrebentar nas paradas de sucesso, David Corrêa voltou a chamar a atenção das gravadoras. E veio a chance

---

20. Dutra, Maria Helena. "Musicais e o circo da Fórmula-1". *Jornal do Brasil*, Caderno B, 27 mar. 1981, p. 10.

de lançar o segundo disco solo. Em outubro de 1981, reportagem do *Jornal do Brasil* anunciava os novos álbuns de samba da estação: os bambas de primeiro time Martinho da Vila, Paulinho da Viola e João Nogueira; os malandros Dicró e Bezerra da Silva; os "paulistas" Cristina Buarque, Noite Ilustrada, Eduardo Gudin e Demônios da Garoa; o sambalanço de Bebeto e Agepê; e o disco de estreia de Almir Guineto. Entre tantas estrelas, aparecia *Lição de malandragem*, o novo trabalho de David Corrêa. O exigente crítico Tárik de Souza fez elogios gerais ao disco, embora tenha dito que "David, com sua voz curta, nem sempre resiste aos agudos".[21]

Lição de malandragem teve desempenho melhor do que o LP anterior, com vendagem considerada boa pela gravadora. Nesse álbum David Corrêa abriu mais espaço para composições de outros autores. Além de "Das maravilhas do mar fez-se o esplendor de uma noite", havia apenas três músicas assinadas por ele, como "Fim de romance" (David Corrêa/Jorge Macedo). Nas outras faixas, apareciam compositores ligados ao Cacique de Ramos (Beto Sem Braço, Jorge Aragão, Neoci) e poetas da Portela (Argemiro, Mijinha). O disco ainda fez história na MPB ao trazer a primeira música que Arlindo Cruz gravou na carreira, a ótima faixa-título "Lição de malandragem":

---

21. Souza, Tárik de. "A primeira (e fornida) estação do samba". *Jornal do Brasil*, Caderno B, 5 out. 1981, p.10.

> Foi andar na corda bamba, escorregou, caiu
> Teve gente que chorou, teve gente que sorriu
> Todo mundo a espiar, mas ninguém o acudiu
> E o malandro levantou
> Sacudiu a poeira e o caminho seguiu
>
> "Lição de malandragem", 1981 (Arlindo Cruz e Rixxa)

Esse momento ficou guardado com carinho na memória de Arlindo Cruz:

> A primeira vez a gente nunca esquece. Eu morava no Morro do Fubá quando David Corrêa gravou "Lição de malandragem". Estava perto de casa comendo um pastel e, de repente, passou um cara assobiando a introdução da minha música. Mal sabia ele que era eu o autor. Na hora, pensei: "Já sou um sucesso."[22]

Depois do fenômeno do Carnaval de 1981 e de colocar um novo disco na praça, David Corrêa chegou ainda mais empolgado à disputa de samba da Portela para o Carnaval de 1982, quando a escola apresentaria o enredo "Meu Brasil brasileiro", uma exaltação ao folclore nacional. Mas o restante da ala de compositores não estava nada satisfeito com sua sequência de vitórias. Àquela altura, o objetivo dos poetas portelenses, mais do

---

22. Elias, Camila. "Arlindo Cruz: 'Beth Carvalho é a melhor intérprete'". *Extra Online*, 22 out. 2011. Consultado em https://extra.globo.com/tv-e--lazer/arlindo-cruz-beth-carvalho-a-melhor-interprete-2859961.html.

que fazer um grande samba, era derrotar David. E começaram a criar estratégias para isso.

Os adversários perceberam que o estilo "de embalo" tinha realmente conquistado os portelenses, especialmente depois do furacão "Das maravilhas do mar...". A questão é que, em geral, os concorrentes de David nas finais de samba tinham obras lindas, mas melodiosas, feitas num estilo antigo, bem nos moldes da tradição azul e branca. Na apresentação da quadra, a avalanche do embalo levantava poeira, e a vitória acabava indo para o multicampeão.

Mas, naquele ano, uma outra parceria foi o grande destaque das eliminatórias. Toninho Nascimento e Romildo (autores de "Conto de areia" e "A deusa dos orixás", gravadas por Clara Nunes), em parceria com Carlito Cavalcanti, tinham resolvido usar as mesmas armas: compuseram um samba no "estilo David Corrêa". Além disso, chamaram para defender a obra na quadra um cantor que tinha um estilo parecido com o do bamba. A tática funcionou e o samba pegou:

Anarriê, meu bem, anarriê
Nos salões de aleluia
Só vai dar eu e você (bis)
Ó, Senhor dos Navegantes
Dos horizontes do mar
Se tem Folia de Reis, meu senhor
Eu também quero cantar, lalaiá

Meu coração é feliz

A Portela é a flor

E o samba, raiz

[...] Bate que bate

Bate, bate tamborim

Bate forte no meu peito

Que o Brasil nasceu de mim (bis)

<small>Samba concorrente "Meu Brasil brasileiro", 1982
(Toninho Nascimento, Romildo e Carlito Cavalcanti)</small>

Toninho, Romildo e Carlito chegaram à final como grandes favoritos da disputa. Mais do que isso: tinham a torcida de parte da ala de compositores, que queria ver quebrada a hegemonia de um mesmo vencedor. Mas não adiantou usar as mesmas armas. O tiro mais forte ainda saía da caneta de David Corrêa, que venceu novamente em parceria com Jorge Macedo.

Me leva, me leva

Me leva, baiana, que eu também vou

Mestre-sala e porta-bandeira

Girando num conto de amor

Vem me fascinar, oh, que sedução

O canto de minha gente

Assediando meu coração

<small>"Meu Brasil brasileiro", Portela, 1982 (David Corrêa e Jorge Macedo)</small>

Com mais essa conquista, David Corrêa se tornou o único compositor da história da Portela a levar sambas para a Avenida por quatro carnavais consecutivos. De 1973 a 1982, conseguiu a impressionante marca de vencer seis disputas em dez carnavais. Apesar de tantas credenciais, suas obras não estavam imunes a críticas. Uma delas era a de não contar corretamente os enredos, se perdendo em generalidades. O samba de 1982, por exemplo, pouco falava do folclore brasileiro.

David tratava os temas de forma poética, metafórica, sem se ater literalmente à narrativa proposta pelo carnavalesco. Essa foi uma ruptura trazida por ele e outros sambistas da época, em contraponto aos sambas excessivamente descritivos dos anos 1950 e 1960:

> Eu tinha uma proposta diferente. Os sambas de antigamente eram muito históricos, os autores tentavam descrever o enredo e usavam as palavras do carnavalesco. Tinham medo de fugir das sinopses. Eu procurava entender a mensagem para transmitir aquilo com as minhas palavras, tornando mais popular. Trazia o subjetivo para dar sentido ao tema.[23]

Esse estilo funcionou muitíssimo bem com temas mais lúdicos, como o Carnaval, o circo e o mar (enredos da Portela de 1979 a 1981). Em 1982, o desfile materializava exemplos con-

---

23. Entrevista ao autor.

cretos de manifestações folclóricas, que não apareciam na letra do samba. Nessas circunstâncias, o descasamento entre o que se via e o que se ouvia foi mais problemático. A consequência veio na apuração. Samba-Enredo foi o único quesito em que a vice-campeã, a Portela, não tirou nenhuma nota máxima. Foram duas notas 9 — e, no resultado final, a azul e branco ficou a exatamente dois pontos do campeão Império Serrano.

Na disputa de samba de 1983, com o enredo "A ressurreição das coroas", a maré já não estava tão boa para David na Portela. O insucesso do ano anterior contava, mas o fato é que os adversários estavam fortemente mobilizados para impedir que ele ganhasse pela quinta vez consecutiva. O problema é que o samba de David Corrêa e Jorge Macedo era novamente muito bom: "Quem chorou chorou/ Não vai mais chorar/ Abre um sorriso pra desabafar." Eles foram para a final, disputando contra Masinho da Piedade e Hilton Veneno; Dedé da Portela e Norival Reis; e Cardosinho e Jorginho do Violão. Apesar do bom desempenho do tetracampeão, a pressão era grande para que a escola prestigiasse outros nomes. O resultado consagrou Veneno, que há anos participava das disputas portelenses, e Masinho, recém-chegado do Império Serrano.

Naquele Carnaval, a Portela foi vice-campeã, no famoso episódio de Messias Neiva, jurado de Alegorias e Adereços, que só deu nota 10 para a Beija-Flor, entre as 12 escolas que desfilaram. Para todas as demais, deu 8 ou menos. A Portela ficou com nota 6 nesse quesito. Esses quatro pontos fizeram diferença no resultado final: a escola de Madureira perdeu o título para a Beija-Flor por três pontos.

Mas esse não foi o único desgosto dos portelenses naquele ano. Os integrantes da azul e branco não esconderam o incômodo ao ouvir em outro desfile uma voz muito conhecida: o puxador da Imperatriz Leopoldinense no Carnaval de 1983 foi... David Corrêa! Insatisfeito com a derrota de seu samba na Portela, ele deixou a escola e foi puxar a verde e branco de Ramos na Avenida. Era o fim de um casamento de mais de uma década com a escola de Madureira.

O presidente Carlinhos Maracanã externou sua insatisfação. E não deixa de ser surpreendente ver que, dessa vez, o mandatário queria ver cumprido justamente o estatuto dos compositores:

> David Corrêa não saiu da Portela. Ele perdeu o samba-enredo do Carnaval passado e foi puxar o da Imperatriz. Conforme o nosso regulamento, todo compositor que sai da escola pra desfilar em outra só pode voltar depois de três anos. Ele está afastado.[24]

Depois do divórcio com a agremiação que o projetou, o compositor defenderia outros dez pavilhões diferentes. Mas sem nunca deixar de ser identificado com a Águia de Madureira. Se no Carnaval de hoje parecem naturais, as andanças de David

---

24. Dumar, Deborah. "Carnaval trará surpresas com novos puxadores na Passarela". *Jornal do Brasil*, 27 nov. 1981, p. 18.

Corrêa por várias escolas não eram comuns nos anos 1980. O poeta ficou marcado por esse troca-troca frenético, numa época em que se cobrava fidelidade dos compositores às suas alas de origem. Quando chegava a uma nova escola, deixava insatisfeita a agremiação anterior, por ter saído, e não era visto com bons olhos pelos novos colegas, já que era um "forasteiro". Mas a qualidade de seus sambas era tão grande que, mesmo com seu comportamento gerando certa antipatia, não parou de ganhar os concursos. David Corrêa foi a grande "máquina" de fazer samba-enredo nos anos 1970, 1980 e 1990.

Depois de puxar o samba da Imperatriz em 1983, David se transferiu para o Salgueiro. Sua chegada à vermelho e branco gerou uma enorme confusão: ele foi integrado à ala de compositores, mas houve um intenso debate interno sobre a viabilidade de sua participação no concurso para o Carnaval de 1984. Segundo o estatuto, qualquer novo integrante deveria passar por um ano de estágio "até provar que é Salgueiro", como explicou à época o presidente da ala de compositores, Silvio de Oliveira Pompeu:

> Temos um estatuto e qualquer compositor tem que ser regido por ele. Enquanto eu for presidente desta Ala, vou agir assim. Afinal, eu também passei por isso. Por que vai mudar agora? Como é que fica? Fico quatro anos numa escola, depois digo que sou Salgueiro e pronto? Tem que provar![25]

---

25. Pinto, Marcus Barros. "Squindô, squindô vem da África para o Rio". *O Globo*, Jornais de Bairro, 2 ago. 1983, p. 10.

Rejeitado pela ala de compositores, o ex-portelense tinha um forte aliado: o diretor de Carnaval Laíla, que voltava ao Salgueiro depois de quase uma década:

> Não queremos ferir estatuto nem massacrar ninguém, mas eu quero o David Corrêa escrevendo o samba do Salgueiro. [...] David é excelente compositor e como prova disso temos os belíssimos sambas da Portela. E se pudermos trazer para a escola mais compositores desse quilate será ótimo. Isso motiva e ajuda os outros compositores a melhorar seus sambas.[26]

O ex-portelense, por sua vez, tentava associar seu estilo de composição à nova escola: "O que desejo é concorrer. Não vim para cá para ficar parado. [...] Meu samba é muito Salgueiro, tem um ritmo picante", disse David Corrêa, que completou: "Se querem novidade, vou fazer para ganhar."[27] E fez mesmo. O compositor foi autorizado a participar da disputa e saiu vencedor, com um samba que é cantado com emoção pelos salgueirenses até hoje: "Skindô, skindô".

Oiá, oiá, água de cheiro pra ioiô
Vou mandar buscar na fonte do senhor [...]

---

26. Idem.
27. Idem.

> Foi um vento tão menino
> Que soprou o meu destino pelo mar
> Vim de terra tão distante
> Sou o negro mais amante, skindô ôôôô
> Ôôô, a vida fica mais feliz, meu amor
> A folha nasce da raiz, skindô, o samba é a flor
> "Skindô, skindô", 1984 (David Corrêa)

No refrão do meio, que vinha a seguir, novamente aparecia uma levada rítmica que lembrava o jongo, um típico David Corrêa: "Ca-ca-cadê, cadê meu agogô/ Mandei buscar o quê/ Pra eu bater pra ioiô." Novamente o compositor acertou em cheio, e seu samba foi o mais cantado do pré-carnaval. Mas o sucesso não trouxe calmaria. Isso porque David também assumiu o posto de puxador da escola, como acontecia quando ganhava os sambas na Portela. O problema é que o Salgueiro já tinha um cantor oficial desde 1978, Rico Medeiros. A mudança de mãos do microfone foi traumática, com a notícia sendo dada a Rico no estúdio de gravação, pouco antes do registro da faixa salgueirense. O puxador ficou revoltado com a troca e reclamou da forma como foi tratado:

> O Salgueiro caiu nessa esparrela, nessa arapuca. Antes, me diziam que nenhum compositor, nem Roberto Carlos, gravaria um samba-enredo da escola. Como em todos os anos, fui para o estúdio gravar e senti um clima diferente, ninguém falava comigo direito.

Laíla, que é o diretor faz-tudo da escola, me chamou em particular, disse que me adorava mas que ia ser o David que ia gravar. Eu disse que tudo bem, mas fiquei com a cara no chão diante dos meus companheiros.[28]

Na Avenida, com David Corrêa no carro de som, o Salgueiro não obteve uma boa posição, mas o samba tirou as duas notas 10. Em alta, o autor de "Skindô, skindô" entrou na mira de Capitão Guimarães, que havia assumido o comando da Vila Isabel e estava com a ideia fixa de dar o primeiro título à escola. Para o Carnaval de 1985, o patrono reforçou a azul e branco em várias frentes: contratou o carnavalesco Max Lopes (campeão do ano anterior com a Mangueira), o famoso diretor de harmonia Waldir 59, da Portela, e convidou David Corrêa para participar da disputa de samba.

O compositor vibrava com o reconhecimento vindo de todas as partes do mundo carnavalesco: "Me sinto um autêntico criador de samba. Todo samba que eu faço estoura na boca do povo. Não dá pra descrever a sensação de levar toda a escola comigo na voz."[29] Ele então deixou o Salgueiro e foi para a escola de Noel, ao lado de Jorge Macedo. Eles formaram parceria com o vila-isabelense Tião Grande, que havia ganhado por lá os sambas de 1979 e 1981.

---

28. Dumar, Deborah. "Carnaval trará surpresas com novos puxadores na Passarela". *Jornal do Brasil*, 27 nov. 1981, p. 18.
29. "David Corrêa: 20 anos depois, um lugar garantido no coração da Vila". *O Globo*, Jornais de Bairro, 5 fev. 1985, p. 12.

A disputa foi tensa. Não só pela qualidade das obras, mas porque os bastidores da escola assistiam a uma guerra silenciosa entre dois chefões do jogo do bicho. David foi novamente protagonista num episódio marcante do Carnaval carioca, dessa vez numa situação que rearrumou o xadrez da relação entre bicheiros e escolas de samba pelas décadas seguintes. Capitão Guimarães, recém-chegado à Vila, ameaçava o reinado de Waldemir Garcia, o Miro, presidente de honra da azul e branco, onde estava desde os anos 1960. Tradicionalmente, era Miro quem escolhia o samba vencedor da Vila. Mas as opiniões, no concurso de 1985, eram conflitantes: Miro preferia o samba de Pedrinho da Flor, enquanto Guimarães queria a vitória de David Corrêa. Por pouco a divergência não acabou em sangue. Guimarães conseguiu impor seu desejo e Miro resolveu se afastar definitivamente da Vila Isabel. A saída para a família Garcia foi se refugiar numa escola próxima: o Salgueiro, que seria comandado por ele nos vinte anos seguintes.

Na conturbada disputa de samba, David Corrêa, Jorge Macedo e Tião Grande festejaram a vitória sobre as 22 composições concorrentes, incluindo a elogiada obra de Pedrinho da Flor, sendo escolhidos para contar na Avenida o enredo "Parece até que foi ontem".

> Ó minha Vila, contigo de braço rodei
> Dançando no azul do horizonte
> Eu e ela parece até que foi ontem

Ê balão, balão, balão,
Balão que leva eu
Balão me dê luar
E o céu pra eu brincar

"Parece até que foi ontem", 1985
(David Corrêa, Jorge Macedo e Tião Grande)

Assim como acontecera no Salgueiro, a chegada de David Corrêa abalou as estruturas da Vila Isabel. Não só pelo fato de ter ganhado a disputa de samba logo em sua primeira tentativa, mas também por seu desejo de puxar a escola na Avenida. A Vila tinha um cantor, Sobrinho, que chegou a gravar "Parece até que foi ontem" no LP oficial dos sambas-enredo. Mas, semanas antes do desfile, ficou definido que o intérprete da azul e branco na Sapucaí seria mesmo David Corrêa. Sobrinho então deixou a Vila e foi cantar na Imperatriz naquele carnaval.

A renovação na Vila Isabel deu resultado: a azul e branco conquistou um inédito terceiro lugar. Mas a boa colocação não significava que a escola teria um período de sossego. Para o Carnaval de 1986, novamente David Corrêa e Jorge Macedo entraram na disputa. Os outros compositores se mostraram desanimados de participar do concurso, pressupondo que, como Capitão Guimarães havia convidado a dupla para a escola no ano anterior, eles eram novamente os virtuais vencedores. Foram apenas 14 sambas concorrentes. Um deles era de Martinho da Vila: "Vem do Saara o sheik com seu harém/ Vi espanhola com cuíca e tamborim/ Fiz um pagode tão chinês que até parece/ Que a vida é feita de miçanga e de cetim." Mais uma vez, deu David e Jorge na cabeça, cantando o enredo "De alegria cantei, de alegria pulei, de três em três pelo mundo rodei". Seguindo uma tendência da época, o samba trazia um trecho de duplo sentido, que fazia os componentes cantarem como se estivessem dizendo um palavrão.

> Será, ô será
> Que o samba ginga na voz, Brasil
> Mas deixa isto pra lá
> E vá na pura do barril
>
> Ô nanã ê okê
> Ô nanã ê oká
> Axé pra quem brincar
>
> "De alegria cantei, de alegria pulei, de três em três pelo mundo rodei", 1986 (David Corrêa e Jorge Macedo)

Um exemplo de como o clima na Vila Isabel era tenso em relação à escolha dos sambas é o texto publicado no *Jornal do Brasil* sobre os sambas e enredos de 1986:

> David Corrêa, contratado por Capitão Guimarães, não disputa samba na Vila. Faz o seu e pronto, a escola adota. O de agora não é muito diferente dos que compôs na Portela, no Salgueiro e na

própria Vila. A letra, como sempre, tem muito ôôô e lálálá, mas é de fácil assimilação.[30]

Mas, em 1987, apesar de ter feito um bom samba, David perdeu. É verdade que não foi uma derrota qualquer: Martinho da Vila venceu com seu magistral "Raízes", o samba sem rimas composto em parceria com Azo e Ovídio Bessa. E assim terminou a temporada vila-isabelense de David Corrêa. Nesse meio-tempo, ainda fez o samba-enredo com que a Unidos da Ponte, agremiação de São João de Meriti, desfilou no Carnaval de 1986, com o enredo "Herivelto Martins, tá na hora do samba que fala mais alto, que fala primeiro". Como a escola era adversária da Vila Isabel, não assinou com seu nome, colocando como compositora sua filha, Denise. David já tinha escrito o samba da Ponte em 1980, "Maravilhosa Marajó", quando ela desfilava no Segundo Grupo.

Em 1988, recebeu o convite de Zé Katimba para voltar à Imperatriz. A dupla, em parceria com Guga e Gabi, venceu a disputa e levou para a Avenida "Conta outra que essa foi boa". A composição tinha um estilo de bloco, com quatro refrãos, repetindo quase todos os trechos, não sendo uma das obras mais inspiradas dos craques David e Katimba. O desfile também não deixou saudades: a Imperatriz ficou em último lugar.

---

30. Rezende, Luiz Eduardo. "Tempo de liberdade influencia enredos". *Jornal do Brasil*, 8 dez. 1985, p. 20.

Quá, quá, quá, você caiu, caiu
É brincadeira, é primeiro de abril

Eu quero é poder ser marajá
Gozar a vida pra vida não vir me gozar

"Conta outra que essa foi boa", 1988
(David Corrêa, Guga, Gabi e Zé Katimba)

Apesar do insucesso na Sapucaí, fora dela a carreira de cantor de David Corrêa ia de vento em popa. Em meados dos anos 1980, o pagode experimentou um *boom* que levou ao estrelato diversos sambistas, como Zeca Pagodinho, Jovelina Pérola Negra, Almir Guineto e Jorge Aragão. O gênero se fortaleceu, revitalizado pela turma do Cacique de Ramos, e se espalhou pelo Brasil. Aproveitando o bom momento, as gravadoras correram para colocar nas lojas novos discos de samba. O pequeno selo 3M teve a ideia de reunir um trio de cantores/compositores para um disco conjunto: *Pique brasileiro* foi lançado em 1986, juntando Aluísio Machado, David Corrêa e Gracia do Salgueiro. Cada um gravou três músicas próprias, e o trio compôs junto e dividiu o microfone na faixa-título, "Pique brasileiro". David teve a primazia de abrir o disco, com a sua "Estrela de oiá", que fez relativo sucesso. O álbum teve ótimas vendas, passando das 100 mil cópias e ganhando o Disco de Ouro, puxado pelo estouro de "Pagode do gago" (Gracia do Salgueiro/Gaguinho): "Fui num pagode na casa do gago/ E o rango demorou sair/

Acenava pra ele/ Ele mais qui qui qui/ Qui qui qui qui qui qui/ Guenta aí."

O ano de 1986 ainda reservaria outro momento de glória para David. Almir Guineto lançou uma música que estourou nas rádios e virou sucesso nacional: "Mel na boca" (David Corrêa). A canção se tornou um dos símbolos do pagode e até hoje é obrigatória nas rodas de samba de todo o país, tendo mais de duas dezenas de regravações. Guineto ficou tão marcado pela música que muita gente acha que a composição é dele. Mas o pai da criança é David Corrêa.

> É mentira
> Cadê toda promessa de me dar felicidade?
> Bota mel em minha boca
> Me ama, depois deixa a saudade
>
> Será que o amor é isso?
> Se é feitiço vou jogar flores no mar
> Um raio de luz do sol voltará a brilhar
> Que se apagou e deixou noite em meu olhar
> "Mel na boca", 1986 (David Corrêa)

"Mel na boca" ficou em primeiro lugar nas paradas musicais e ajudou o LP *Almir Guineto* a se tornar o maior sucesso de vendas na carreira de Almir. E olha que se destacar no repertório daquele álbum não era fácil. Além de "Mel na boca", o disco lançou clássicos como "Caxambu" (Bidubi/Élcio do Pagode/Zé Lobo/Jorge Neguinho), "Lama nas ruas" (Almir Guineto/Zeca Pagodinho) e "Conselho" (Adilson Bispo/Zé Roberto).

A década de 1980 foi especialmente produtiva para a carreira de "meio de ano" de David, que emplacou vários sucessos além de "Mel na boca". Dois anos depois, o mesmo Almir Guineto lançaria um novo hit, "Meiguice descarada" (David Corrêa/Ratinho). Agepê também deu voz a músicas que tocaram muito, como "No calor do teu amor" (Agepê/David Corrêa), "Um grande amor nunca termina" (Agepê/Chiquinho Fabiano/David Corrêa), "Amor atrevido" (David Corrêa/Mauro do Cavaco/Neide/Telma) e "Brinquedo da vida" (David Corrêa).

Guineto e Agepê formaram com Elza Soares o trio de cantores mais importantes para a carreira do compositor David Corrêa. Mas ele também foi gravado por nomes como Beth Carvalho, Chico da Silva, Jorginho do Império, Reinaldo, Zuzuca, Jorge Vercilo e Dona Ivone Lara, marcando seu nome como um autor relevante também no samba off-carnaval.

Em 1991, entrou em estúdio para gravar seu quarto álbum como cantor. "Chopp escuro" foi lançado pela gravadora CID, num momento em que o samba já não atravessava uma boa fase no mercado, concorrendo com a explosão do sertanejo, do axé e do pagode paulista. Nesse novo LP, se aventurou por canções clássicas da MPB, como "Tatuagem" (Chico Buarque/Ruy Guerra) e "Casa de marimbondo" (João Bosco/Aldir Blanc). Seis faixas tinham músicas de sua autoria, como "Jardim da Portela" (David Corrêa/Jorge Macedo), que faz um resumo poético de suas andanças por diversas escolas de samba. Na letra, fica implícita sua visão de que a cor da bandeira está em segundo plano: seu pecado mortal — seu grande amor — é mesmo o samba-enredo.

> Quem não entende blasfema
> Sofre quem versa o tema
> O samba-enredo, meu pecado mortal
> Em cada esquina, uma lembrança minha
> E lá vou eu pela imensidão do mar
> Na Vila Isabel, um cavaco maneiro
> Uma pitada de sal que veio lá do Salgueiro
> Uma canção, morena, como uma rosa tão bela
> Que eu plantei no jardim da Portela
> "Jardim da Portela", 1991 (David Corrêa e Jorge Macedo)

Na passagem dos anos 1980 para os anos 1990, a troca de escolas entre os compositores do Carnaval já era uma realidade. David Corrêa, precursor dessa prática, ficou mais instável ainda, sem permanecer por mais de dois carnavais na mesma agremiação. Depois de fazer o samba da Imperatriz em 1988, chegou ao Império Serrano no Carnaval de 1989, mas foi derrotado na disputa. Em 1990, teve breve retorno à Portela, mas também não ganhou. Em 1991, perdeu a final na Unidos do Viradouro, que estreava no Grupo Especial com uma homenagem a Dercy Gonçalves.

Sem emplacar um sucesso na Avenida desde o Salgueiro de 1984, a inconstância de David Corrêa já lhe fechava mais portas do que abria, como mostra a reportagem do jornal *O Globo* no pré-Carnaval de 1991:

> "No ano passado, voltei para a Portela e fiquei decepcionado. Disseram que, por eu ter ficado afastado da escola nos últimos anos, não poderia ter o meu samba escolhido. Já estava tudo armado para o vencedor. Infelizmente, o samba se comprometeu", lamenta David Corrêa, dizendo também ter encontrado barreiras, este ano, na escola de samba niteroiense Unidos do Viradouro.[31]

Uma de suas apostas para recuperar os bons tempos foi voltar para o Salgueiro, mas perdeu a disputa de samba de 1993, quando a vermelho e branco escolheu o inesquecível "Explode, coração/ Na maior felicidade/ É lindo o meu Salgueiro/ Contagiando, sacudindo essa cidade". Mas o *timing* de David era mesmo frenético. Quando esse refrão explodiu na Avenida, ele já não vestia mais vermelho e branco: foi para a Mangueira puxar na Sapucaí o samba-enredo de 1993, como integrante do carro de som ao lado de Jamelão.

Mas sua grande alegria por lá não seria cantar na companhia do maior puxador de todos os tempos. Em 1994, ele ins-

---

31. "Sambista condena o excesso de luxo no Carnaval de hoje". *O Globo*, Jornais de Bairro, 1 nov. 1990, p. 83.

creveria seu nome na história da rival da Portela. O enredo "Atrás da verde e rosa só não vai quem já morreu" gerava grande expectativa ao homenagear os astros Caetano Veloso, Gilberto Gil, Gal Costa e Maria Bethânia. David Corrêa entrou na disputa de samba formando parceria com Bira do Ponto, Paulinho e Carlos Sena. Na final, concorreu com outras duas obras: uma delas era encabeçada por Serginho Meriti (autor de "Deixa a vida me levar"), em parceria com William Mello e Otacílio; a outra era assinada por Fernando de Lima, Rod, Verinha, Dirceu e Benildo. Durante as eliminatórias, Fernando de Lima era considerado favorito. Mas, na final, o samba de David Corrêa conquistou a escola e foi escolhido.

> Domingo no parque, amor
> Alegria, alegria, eu vou
> A flor na festa do interior: seu nome é Gal
> Aplausos ao cancioneiro
> É Carnaval, é Rio de Janeiro
>
> Me leva que eu vou, sonho meu
> Atrás da verde e rosa só não vai quem já morreu
>
> "Atrás da verde e rosa só não vai quem já morreu", 1994
> (David Corrêa, Bira do Ponto, Paulinho e Carlos Sena)

Figura associada à Portela, David Corrêa era respeitado na Mangueira. Na gravação do CD oficial das escolas de samba, o compositor conseguiu um feito marcante. O registro, claro, foi feito por Jamelão, voz-símbolo da verde e rosa. Para incrementar a faixa, foram convidados os quatro baianos homenageados, que fizeram a introdução da canção: Bethânia, Caetano, Gal e Gil. E mesmo assim, como se esses cinco gigantes da música popular não bastassem, a escola ainda incluiu a participação de David Corrêa na gravação do samba, cantando e fazendo os cacos. E a voz dele se faz presente nessa faixa histórica do Carnaval carioca.

O samba da Mangueira, em pouco tempo, ganhou a cidade. No *réveillon* de 1993 para 1994, a música foi tocada em todas as festas. No dia 5 de janeiro, a reportagem de capa do prestigiado Caderno B, do *Jornal do Brasil*, era sobre a obra de David Corrêa, com o título "O refrão que já pegou". Mas não foi só o refrão chiclete que fez sucesso. Na eleição do melhor samba-enredo do ano feita pelo jornal *O Globo*, com especialistas como Wilson das Neves, João Bosco, Jorge Aragão e Rildo Hora, os mais votados foram Vila Isabel e Mangueira. O texto da reportagem trouxe as opiniões dos jurados que participaram da votação, e eles citaram apenas o samba da Mangueira — sobre o samba da Vila, também eleito entre os melhores, ou os de Portela e Império, que apareciam logo depois no *ranking*, nenhuma palavra. Quem tinha votado na Mangueira defendia o samba, como Ricardo Cravo Albin: "A força do samba da Mangueira está no refrão, que é muito bem-feito." Mas havia quem não concordasse, como Fernando Pamplona ("A Mangueira tem uma marchinha razoável, o refrão é empolgante, mas o miolo é monocórdio") e Paulo Moura ("A melodia não é expressiva. Mas as pessoas acabam gostando de qualquer coisa repetida exaustivamente nas rádios").

A enorme repercussão do samba não salvou o desfile da Mangueira de um desastre: com carros quebrados e excesso de componentes, a escola frustrou os torcedores ao obter um dos piores resultados de sua história, o 11º lugar. Apesar da má colocação, o samba era um fenômeno. No registro feito pelo Ecad das 25 músicas que mais tocaram em todo o país naquele mês de fevereiro de 1994, ao lado de marchinhas como "Alalaô", "Me dá um dinheiro aí" e "Cidade maravilhosa", estava "Atrás da verde e rosa só não vai quem já morreu". Mas o sucesso não prenderia David Corrêa na Mangueira. No Carnaval seguinte, ele já vestia uma nova camisa: a da Estácio de Sá. E com um novo hit, que também ultrapassaria os limites do Sambódromo.

David Corrêa chegou à Estácio quando todos os olhares estavam voltados para a vermelho e branco. A escola tinha sido campeã três anos antes, com "Pauliceia desvairada", e naquele Carnaval teria como enredo o centenário do Flamengo. A junção de duas paixões nacionais prometia um desfile emocionante. E o poeta (que era torcedor do Fluminense, vale destacar) inscreveu seu samba com compositores conhecidos da escola: Déo, Caruso e Adilson. Na final, eles enfrentaram as parcerias de Antônio do Táxi, César Nascimento e De Lucas; e Dilson Camafeu, Marinho Senegal e César Veneno (o autor de "Dona

Fia/ Cadê loiô?"). E, como aconteceu tantas vezes, deu David Corrêa.

> É Mengo, tengo
>
> No meu quengo é só Flamengo
>
> Uh, tererê, sou Flamengo até morrer
>
> "Uma vez Flamengo", de 1995 (David Corrêa, Déo, Caruso e Adilson)

O samba fez um grande sucesso. O refrão é cantado até hoje pela torcida rubro-negra no Maracanã. Na crítica do CD dos sambas-enredo no *Jornal do Brasil*, ele é o primeiro a ser citado:

> Da próxima safra, ao menos um palpite é barbada. [...] "Uma vez Flamengo", da Estácio, que comemora o centenário do clube, não deve levantar apenas a nação rubro-negra. Alinhando entre seus quatro autores o escolado David Corrêa, o samba, mais cadenciado, embute o refrão "Uh, tererê". Vai rebocar ainda a falange funk.[32]

Sucesso no pré e no pós-Carnaval, a obra só não conseguiu levantar o desfile na Sapucaí, que acabou num decepcionante sétimo lugar. Mas marcou tanto que a Estácio resolveu reeditá--lo, em nova homenagem ao Flamengo, no Carnaval de 2022. Os versos de David para o refrão do samba inspiraram o título do

---

32. Souza, Tárik de. "Em marcha acelerada". *Jornal do Brasil*, Caderno B, 24 nov. 1994, p. 7.

novo enredo, "Cobra-coral, papagaio vintém: vesti rubro-negro, não tem pra ninguém". E uma mudança foi feita na letra, na parte que se referia ao centenário do clube. O samba de 1995 dizia "Parabéns pra essa galera/ Cem anos de primavera", enquanto o de 2022 traz "Parabéns pra essa galera/ Campeão da nova era".

Com a vitória na Estácio, David alcançou uma marca impressionante. De 1973 a 1995, foram 23 carnavais. Desses, em mais da metade (12), o compositor teve sambas cantados na Avenida: seis na Portela, dois na Vila e um na Estácio, na Mangueira, na Imperatriz e no Salgueiro — sem contar os da Unidos da Ponte. E boa parte deles caiu no gosto popular.

Depois de rodar por tantas escolas, no Carnaval de 1996 David Corrêa voltou para casa. Disputou samba na Portela, mas foi derrotado na final. O clima não era igual ao de 15 anos atrás. No início dos anos 1980, recebia olhares atravessados por suas seguidas vitórias e pela rivalidade com os outros compositores, mas era reconhecido na quadra como um bamba portelense. Agora, sua imagem era outra: era visto como "traidor", por ter vestido tantas outras camisas. "Quando eu voltei para a Portela, eles me receberam meio enciumados. Mas eu não liguei. Continuei fazendo meus sambas",[33] relembrou David.

Depois de 1996, chegou à semifinal em 1999 e à final em 2001. Em outros anos, como 1997, não passou das fases eliminatórias. Mas ainda não havia encerrado sua trajetória de vi-

---

33. Entrevista ao autor.

tórias. Em 2002, relembrou a alegria que havia tido pela última vez 20 anos antes: vencer a disputa de samba-enredo na azul e branco de Madureira. Ao lado dos parceiros Grilo e Naldo, foi o autor de "Amazonas, esse desconhecido — Delírios e verdades do Eldorado verde".

> É Boi-bumbá, é boi maneiro
> Garantido e Caprichoso
> No meu Rio de Janeiro
>
> Meu coração está em festa
> Enlouqueceu
> No seu rio-mar
> Meu rio azul vai desaguar

"Amazonas, esse desconhecido — Delírios e verdades do Eldorado verde", 2002 (David Corrêa, Grilo e Naldo)

No refrão do meio, nota-se a tradicional levada "jongueira", que é a marca de suas melodias: "Gira mundo a respirar/ Dentro do meu coração/ Nesse Eldorado verde/ Na palma da minha mão." E a letra, comparada às outras que David compôs para a Portela, é mais descritiva. É interessante observar que o compositor surgiu nos anos 1970 quebrando a tradição dos sambas que contavam fielmente o enredo, mas três décadas depois a festa voltou a exigir esse perfil das obras, e ele acabou se adaptando. Em 2002, a azul e branco não vivia fase tão gloriosa como nos anos 1970 e 1980, e o oitavo lugar no desfile não chegou a ser uma surpresa.

Se não ficou na memória dos portelenses, essa composição foi emblemática na carreira de David Corrêa: com "Amazonas, esse desconhecido", ele se transformou no maior vencedor de sambas-enredo da Portela, assinando o hino da escola em sete carnavais. A marca só foi igualada em 2015, por Noca da Portela, também vitorioso por sete vezes.

David Corrêa não ganharia mais disputas de samba. Continuou tentando nos anos seguintes, mudando de escola sempre que enxergava novas oportunidades. Esteve na São Clemente em 2004, na Mangueira em 2009, na Vila em 2015, no Salgueiro em 2012 e 2016. Ia e voltava da Portela, onde chegou à final em 2003 e à semifinal em 2014.

Em 2013, teve pela última vez a alegria de ver um samba seu cantado num desfile na Sapucaí, com a reedição de "Das maravilhas do mar fez-se o esplendor de uma noite", pela Tradição. No Segundo Grupo, a escola de Campinho atravessava fase difícil, e só não foi rebaixada para a terceira divisão do Carnaval carioca por causa do sucesso do samba. David mais uma vez veio no carro de som, como um dos puxadores.

O samba de 1981 ainda lhe rendeu outra glória: Maria Bethânia gravou a música no álbum *Mar de Sophia*, lançado em 2006, formado apenas por canções que falam do mar. No ano seguinte, a Abelha-Rainha novamente incluiu a obra do portelense no CD/DVD *Dentro do mar tem rio — Ao vivo*, que foi indicado ao Grammy Latino.

A trajetória de David Corrêa é surpreendente. Basta dizer que ele é o recordista de sambas-enredo da Portela, a escola que é a maior detentora de Estandartes de Ouro nesta categoria. Ao mesmo tempo em que tem a imagem fortemente identificada com a azul e branco de Madureira, foi o primeiro símbolo do compositor "moderno", que troca de bandeira sem peso na consciência. Apesar de ter passado por quase todas as agremiações do Carnaval carioca, não pensa duas vezes antes de responder qual é sua escola do coração: "É a Portela!"[34]

Poucos poetas têm o dom de nos levar para onde quiser. David Corrêa é um deles. Seus versos desaguam como fonte e nos arrastam a sambar. Atrás de suas melodias só não vai quem já morreu... Será que o amor é isso? É feitiço? E há quase 50 anos nós vamos com ele, num "me leva que eu vou" que parece não ter fim. Sua música, perfumada com essa água de cheiro pra ioiô, mata a cobra e dá um nó no coração dos sambistas. Ao som de suas canções, a vida fica mais feliz, meu amor.

* * *

Com a minha memória afetiva recheada por seus sucessos, David Corrêa foi escolha óbvia como um dos protagonistas do livro *Três poetas do samba-enredo*. Quando contei a ele do projeto que traria as histórias de grandes compositores do Car-

---

34. Depoimento ao Museu do Samba — David Corrêa. 6 abr. 2013.

naval carioca, vibrou ao saber que sua trajetória seria uma das retratadas — era mais uma vitória desse homem que buscou obsessivamente o pódio durante toda a vida. E lá fomos nós reconstituir essa trajetória: ele me deu entrevistas, contou suas memórias em detalhes, relembrou momentos marcantes da carreira. Mas, em maio de 2020, durante o processo de produção do livro, acabou surpreendido por uma insuficiência renal grave. Foi morar no infinito... e virou constelação.

Publicar este texto sem tê-lo por perto é doloroso, mas se torna ainda mais importante como registro dessa figura tão fundamental da cultura brasileira. David se foi aos 82 anos, mas a materialização de sua trajetória nestas páginas (trazendo a riqueza simbólica daquelas que provavelmente foram suas últimas entrevistas) vai ajudar as próximas gerações a compreender melhor esse gênio do samba-enredo. E os sambistas do futuro certamente ouvirão falar muito dele, porque sua obra esbanja energia: está pulsando nas quadras, nos terreiros, nos pagodes. Nosso bamba pode não estar aqui presencialmente, mas seu nome está inscrito de forma definitiva na história da música popular.

Uma última consagração dessa trajetória recheada de conquistas ocorreu durante a Olimpíada de 2016, realizada no Rio de Janeiro. O encerramento aconteceu no Maracanã, num espetáculo que trazia uma grande reverência ao Carnaval. Sambas-enredo de diversas épocas eram tocados na cerimônia, que estava sendo transmitida para o mundo inteiro. David acompanhava atento o evento pela TV, incomodado pelo fato de não ter ouvido nenhum dos seus muitos sucessos na festa. Ele conta que foi ficando triste ao longo da transmissão. Conforme o tempo passava e ele ouvia os outros sambas, ia murchando na poltrona de casa: "Eu fiquei me perguntando: 'Será que não vão cantar nenhum samba meu?' Mas, na saída, o cortejo entoou: 'Vou-me embora, vou-me embora...' Aí eu fiquei feliz."[35] Esse foi seu grande ensinamento: alegrar um poeta é fácil; basta cantar suas músicas. Nas cinco últimas décadas, o Brasil cantou. Fez David Corrêa muito feliz. E vice-versa.

---

35. Hargreaves, Marcelo. "David Corrêa, o homem das melodias inesquecíveis". Site *Portela Cultural*, 11 maio 2020. Disponível em: http://www.portelacultural.com.br/2020/05/11/david-correa-o-homem-das-melodias-inesqueciveis.

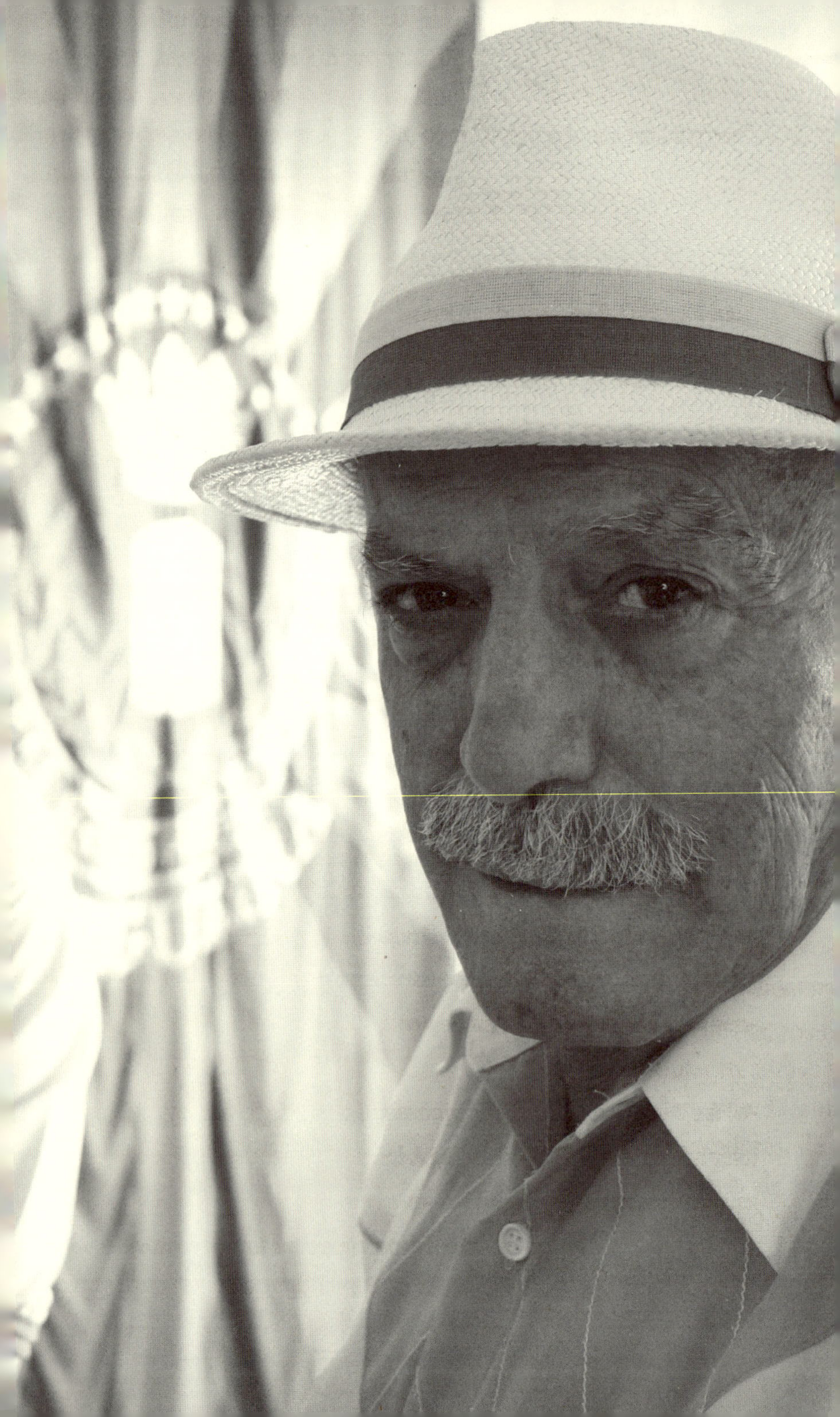

4. HÉLIO TURCO
Um poeta entre versos, pipas e balões
GUSTAVO GASPARANI

Lindo é ver

Os grandes bambas da Mangueira

Artistas de uma só bandeira

Que seduziu o mundo inteiro

O samba é o rei! O samba é o rei!

O samba é o rei do terreiro

Samba concorrente "Mangueira é música do Brasil", 2010
(Hélio Turco, Rody, Marcos Antunes, Nilza Parente e Fernando de Lima)

Os versos acima estão recheados de significado. Através deles, sentimos o amor pela escola e a fidelidade à bandeira. Voltamos ao terreiro — local onde tudo começou e de onde o samba partiu para *seduzir o mundo inteiro* e tornar-se rei, como diz o poeta. Nesse caso, o poeta é grande bamba da Estação Primeira de Mangueira. Chama-se Hélio Turco e, segundo ele mesmo, não toca, não bate, não canta, não samba e, também, não é turco. Contudo, há oito décadas se mantém como um fiel escudeiro verde e rosa, incansável em suas criações, tendo vencido 16 vezes o concurso de samba-enredo, levando a Mangueira a seis campeonatos, tornando-se o maior vencedor de sambas-enredo na escola e um dos maiores campeões do Carnaval carioca. Além de receber muitas notas 10, muitos prêmios e reconhecimento. Um grande feito para quem não se reconhece como músico, embora esteja exercendo essa atividade de 1957 até hoje. Nosso homenageado pertence à última geração de compositores fiéis às suas escolas de samba, uma categoria em extinção, cujos versos e melodias traduzem a essência e a alma de suas comunidades. É impossível não reconhecer que os seus sambas são a cara da Mangueira, ou melhor, a Mangueira é a cara do Hélio. Não dá para saber o que vem primeiro, tamanha a identificação, o comprometimento e a paixão. Paixão esta que muitas vezes extrapola as fronteiras do discernimento, causando danos, separações e mágoas. Mas as histórias de amor são assim: quentes, mexidas, cheias de idas e vindas, como num bom samba-canção — nesse caso, samba-enredo. Não podemos esquecer que a escola, musa desse poeta, se originou do Bloco dos Arengueiros, e quem sai aos seus não degenera. Uma escola que não tem uma torcida, mas uma nação! Que na Avenida dá sacode, levanta a poeira e arrasta o povão! Não! Não dá para exigir do seu poeta razão quando só há emoção. Não é cabível. Então, na batida de um surdo sem resposta, convido vocês a conhecer esse arengueiro, brabo, turrão, que não foge de briga, mas que se transforma em criança ao falar de pipas e balões, que enche os olhos d'água ao lembrar dos amigos e parceiros que se foram, que deixa a porta de casa aberta para quem quiser chegar, para quem precisar. Aliás, só encontrou a chave da porta após 35 anos de casado, ao fazer uma reforma na casa.

> Num cenário deslumbrante
> Do folclore brasileiro
> A Mangueira apresenta
> A história do samba verdadeiro
>
> "Samba, festa de um povo", 1968 (Hélio Turco, Darci e Jurandir)

Numa manhã de sol, Antônio jogava uma pelada no Grajaú Country Club. Era feriado nacional! Joana assistia, orgulhosa, à performance do marido, até ouvir o primeiro xingamento. Aí foi chute pra lá, sopapo pra cá, a esposa nervosa, em estado interessante, entra em trabalho de parto. Gritaria, corre-corre, um Deus nos acuda! E foi assim, no dia 15 de novembro de 1935, que nasceu Hélio Rodrigues Neves, no meio da discussão e do bafafá!

Naquela época, o samba-enredo, como conhecemos agora, ainda nem existia. As escolas desfilavam na praça Onze e, naquele ano, a prefeitura oficializou o concurso, promovido pelo jornal *A Nação*, que oferecia apoio financeiro pela primeira vez. A brincadeira, iniciada havia alguns anos, começava a se organizar. Para os amantes do samba, essa fase desperta toda forma de saudosismo e mistério. O compositor do morro, fundador dos blocos e das primeiras escolas, se confundia com a imagem do sambista malandro e poeta. As fontes são raras, as histórias, imprecisas, e as memórias, esmaecidas pelo tempo. Mas o que nos chega, com certeza, é a imagem de um morro mítico e lírico cantado com maestria por Cartola e Carlos Cachaça, o menestrel da região. E, também, por Gradim, Arthurzinho, Zé com Fome, Saturnino, Zé Ramos, Geraldo Pereira, Nelson Cavaquinho, Geraldo da Pedra, Alfredo Português e Nelson Sargento. Eram esses os bambas do lugar. As primeiras gerações de compositores da escola. Raízes de uma árvore frondosa, de onde Hélio será, no futuro, um dos frutos.

Abriu-se
A cortina do passado
Neste palco iluminado
Onde tudo é Carnaval
Vamos recordar
Nesta grande apoteose
Uma história triunfal

"Mercadores e suas tradições", 1969 (Hélio Turco, Darci e Jurandir)

As famílias eram de Vila Isabel. O pai, Antônio Neves Rodrigues, vendedor, de origem portuguesa, era primo do general Neves, que lutou, após a morte de Salazar, na Revolução dos Cravos, em Portugal. Na meninice, seu Antônio conviveu com Noel Rosa, o célebre compositor, e Walter Pinto, que faria história no teatro de revista. Lá conheceu Joana Chamoun, mãe de Hélio, dona de casa, brasileira de origem libanesa. Casaram-se e, após um curto período no Grajaú, se mudaram com a família para a Mangueira. E é nessa mesma rua Visconde de Niterói que Hélio mora há quase 85 anos. Aos 13, surgiu uma possibilidade de mudança. Alguns parentes de sua mãe que chegavam ao Brasil perguntaram ao jovem se ele não gostaria de ir morar no Líbano. Lá, a família tinha posses, morava num palácio! Seus tios eram ricos e ligados à política, poderiam lhe arrumar um bom emprego e, quem sabe, de lambuja, ainda encontraria uma namorada. Uma, não, um harém todo para ele. O adolescente ouviu, assimilou aquilo tudo, lembrou-se de um tio padre assassinado em Paris, de um outro que perdeu o braço na guerra e disparou: "Eu ir praquelas bandas? Deus me livre! Não falo nada dessa porra dessa língua e, além disso, vou ficar no fogo cruzado entre Beirute e a Síria. E se é tão bom, por que vocês tão fugindo pra cá? Quer saber? Tô fora! Aqui é mais difícil d'eu morrer. Lá, o couro come. Vou continuar em Mangueira, mesmo. Pobre, tricolor, mas vivo!", concluiu o jovem. Segundo o próprio Hélio, o irmão da sua avó materna, seu tio-avô, era ninguém menos que Camille Chamoun, o presidente cristão do Líbano. Parece até enredo de novela! E foi assim, sem saber, que o adolescente Hélio trocou um palácio em Beirute pelo *Palácio do Samba*.

Toda essa saga familiar me remeteu a Sinhá Olímpia, figura folclórica do interior de Minas Gerais, exaltada pela Mangueira no Carnaval de 1990. "Em seu doce delírio, Olímpia conquistou corações": foi amante de d. Pedro I, ajudou Tiradentes na

Inconfidência, assinou a Lei Áurea, foi esculturada por Aleijadinho e subiu ao céu para encontrar com Nossa Senhora. Vai vendo! Não quero, de modo algum, insinuar que Hélio esteja "delirando entre sonhos e quimeras de raríssimo esplendor", como a personagem do seu samba-enredo. Ao contrário! Através dessa salada cultural, dessa mistura de universos, ele partiu soltando pipas e balões, "contando histórias do infinito, sem se preocupar com o amanhecer". Peço desculpas pelo salto no tempo, mas foi irresistível essa associação com Sinhá Olímpia. Voltemos, então, ao limiar da história, quando Hélio, ainda menino, era bicho solto de pé no chão, jogando bola de gude e ainda distante do terreiro do samba.

Vem, amor
Vem ver o novo alvorecer
Vem, amor, quanta alegria de viver
Uma rosa
Uma rosa enfeita o jardim
A maldade já chegou ao fim
E nas rendas de prata do mar
Surge uma sereia a cantar

"As três rendeiras do universo", 1991 (Hélio Turco, Jurandir e Alvinho)

Na verdade, a paixão pelo samba virá um pouco mais tarde. Antes, porém, o garoto descobriu uma outra paixão. Uma cabrocha, de nome Dalvina, mais conhecida por Dalva, nascida na Candelária, um dos bairros de Mangueira. Essa paixão surgiu aos 15 anos, se solidificou ao longo de dez anos de namoro e cinquenta de casamento. Resultado: três filhos — Eduardo, Helinho e Dayse —, quatro netos e a casa sempre cheia. Todos debaixo das asas do vovô Hélio. Os laços familiares são muito fortes e influenciaram de forma definitiva as escolhas e a história de vida do compositor.

Antes de cairmos nos braços do samba, precisamos permanecer um pouco mais no seio familiar para falar de uma personagem importantíssima: Jorge Turco. Ele era tio de dona Joana, mãe de Hélio, imigrante libanês e dono de um armarinho em Mangueira. Para nossa gente, todo oriental é japonês, todo louro é "ruço" e todo árabe é turco. Assim, derrubamos barreiras, cruzamos fronteiras, deixando a geografia de ponta-cabeça e justificando de forma marota o apelido. O tio e o sobrinho eram tão próximos que a rapaziada achava que eram pai e filho. Jorge, que havia perdido parte do braço esquerdo na guerra, era poliglota, escrevia, traduzia e encenava peças de teatro. Sua voz poderosa impressionou o pequeno sobrinho, quando foi assisti-lo no teatro João Caetano — era o único que não precisava de microfone. Jorge não tinha filhos do seu casamento. Ao falar do tio, os olhos de Hélio chegam a brilhar! Nas férias escolares, o menino ajudava no armarinho, dividindo tarefas e observando o processo de criação das peças. Hélio cursou até o segundo ano científico, pulando a admissão, na escola pública Olímpia do Couto, na rua Oito de Dezembro, em Mangueira.

Precisou abandonar os estudos para trabalhar, contrariando o desejo de se formar. Mas com certeza o apreço pela escrita, a preocupação com o português correto e a clareza dos versos em seus sambas foram herdados do tio Jorge, que, além da veia artística, o presenteou com o armarinho e o sobrenome "Turco", que o acompanhará pela vida afora. Hélio não esquece a frase dita pelo tio, no dia da "posse" do armarinho: "Sai o escritor e entra o sambista!"

Bem, agora, devidamente "batizado", nosso personagem pode seguir adiante, ao encontro de sua outra paixão: a Estação Primeira de Mangueira. Levando na bagagem dois ensinamentos que aprendeu em casa: "A maior virtude do homem é a honestidade e o caráter", dizia seu Antônio. Já o amor ao próximo e o espírito festivo herdou da mãe.

Vai...
Contar a história do infinito
Vai...
Não haverá amanhecer [...]

"Sinhá Olímpia", 1990 (Hélio Turco, Alvinho e Jurandir)

O namoro com a sua musa verde e rosa se inicia em 1952. Faltava uma semana para o Carnaval. Hélio, então, foi ver o concurso que escolheria o samba para o desfile. A velha quadra de terra batida, ainda modesta, ficava no número 23 da travessa Saião Lobato, no famoso Buraco Quente. Para os antigos, uma espécie de zona sul da Mangueira. Os vencedores foram os novatos Cícero e Pelado, conquistando as pastoras e os compositores adversários com um samba sobre Gonçalves Dias. Inauguravam, assim, uma inédita e vitoriosa parceria na escola. O que significava uma grande conquista! Pois nos primeiros anos, na praça Onze, era famosa uma frase de Cartola: "Daqui até o júri o samba é meu e de Carlos Cachaça, do júri pra frente é do Carlos Cachaça e meu." Salvo algumas exceções, era isso mesmo que acontecia. Só davam eles. E essa regra só mudaria na Mangueira no fim dos anos 1940, quando o diretor Hermes Rodrigues estabeleceu que o samba deveria se relacionar com o enredo escolhido. Além disso, um júri se responsabilizaria pela escolha do vencedor. E foi sob esses novos ventos que outra dupla ganharia fama na escola: Alfredo Português e Nelson Sargento (venceram em 1949, 1950 e 1955).

Voltando para o Carnaval de 1952. Agora, estamos na Avenida Presidente Vargas. Hélio, sem grana para a fantasia, aguardava no meio do povo para ver a sua escola. O desfile começou. O público, entusiasmado, espremia a passagem da Mangueira. Hélio, com medo que o empurra-empurra pudesse comprometer o desfile, se lançou em direção às cordas que as escolas levavam para se proteger da invasão da pista, segurando-as com tanta força que chegou a se cortar. E foi assim, dando o sangue pela sua escola de coração, que estreou na passarela. Gostou tanto que no ano seguinte saiu puxando corda novamente. Em 1954, a pedido de Beleléu, Raymundo e Tingüinha, deu o relógio, presente que havia ganhado do padrinho, Nicolau, para ajudar a confeccionar a roupa da bateria. É... o namoro tinha ficado sério! Mas o que aquele garoto não podia imaginar é que, num futuro bem próximo, seria ele mesmo um dos grandes compositores desse celeiro de bambas. Que aquela gente que se amontoava para ver as escolas em breve estaria cantando suas letras e suas melodias! Era só deixar o acaso trabalhar...

E ele trabalhou... Toca o telefone. Estamos em 1956. Era a sua tia Maria, pedindo ao sobrinho que desse um recado para o amigo Pelado. Queria fazer uma encomenda. Pelado era estofador de primeira, trabalhava numa fábrica de colchões. E lá se foi Hélio passar a mensagem. Ao chegar à porta da pequena quadra, no Buraco Quente, percebeu que havia uma reunião. Beleléu, Manoel Pereira Filho, uma espécie de leão de chácara do morro, gritava da porta: "Cadê o pessoal?! Assim não vai dar! Tem que formar uma diretoria!" Nelson Sargento fazia a contagem para ver se teriam quórum. Tensão no ar. Sem querer atrapalhar, Hélio resolveu esperar do lado de fora, à janela. O assunto em questão era a eleição da diretoria. Ou a nova geração se organizava ou seria o fim da ala de compositores. Bomba! A ala havia sido fundada em 1939, por Cartola, Carlos Cachaça, Aluísio, Gradim e Zé Criança. Foi a primeira ala de compositores a ser fundada numa escola de samba, e teve como paraninfo o prefeito Pedro Ernesto. Fato que demonstra que a perseguição aos sambistas já não existia mais — ao contrário! Existia, porém, um pequeno detalhe. Os fundadores estavam mais velhos, Cartola nem morava mais no morro. Não queriam aquele problema. Pelado, ao ver o amigo à janela, e precisando de assinaturas, não teve dúvida: "Ó! Aquele ali faz samba também! Ô *My Friend*! Chega aqui." Era assim que ele chamava o Hélio. "Entra logo e assina aí!" Sem entender nada, mas não querendo contrariar o amigo, *My Friend* não só entrou e assinou, como também virou secretário da ala e, depois, tesoureiro por 15 anos seguidos. Aquele telefonema, a princípio comum, transformaria completamente a vida do jovem, agora no alto dos seus 21 anos.

Mas vocês devem estar se perguntando: e a música? Pois foi exatamente o que se perguntou Hélio naquela janela: "Que que esse cara tá arrumando?! Não toco, não bato, não canto e não sambo! Como vou assinar esse negócio?" Entrou na ala pra quebrar um galho, mas foi na marra, segundo ele, que aprendeu a compor. E de tanto observar os companheiros ao seu redor, logo arriscou os primeiros versos e os entregou ao inseparável amigo Pelado, para fazer a melodia. Nasceu, assim, "Decaída".

> Carregue a tua cruz até o fim
> Não negues o teu calvário
> Se o destino quis assim
> Só me resta gargalhar
> De uma decaída tão vulgar
>
> "Decaída", s.d. (Pelado e Hélio Turco)

Após o sucesso imediato, vencendo os sambas em 1952,1953 e 1954, a dupla Cícero e Pelado brigou e se desfez. Além deles, a Mangueira, na década de 1950, viu surgir uma geração de excelentes compositores: Padeirinho, Zagaia, Jajá, Leleo e Comprido. Todos ganharam pela primeira vez nessa década. Já Hélio começou de mansinho, só no sapatinho. E conforme os anos passavam, foi de secretário para tesoureiro, criou o primeiro samba de terreiro e, em seguida, arriscou o seu maior passo. Nos últimos anos da década, contribuiu para que Cícero e Pelado fizessem as pazes, transformando a dupla em trinca, tirando segundo lugar no concurso para o Carnaval de 1958 e vencendo em 1959, com "Brasil através dos tempos". Uma curiosidade: o enredo de 1959 é registrado, também, com outros dois nomes: "Páginas de glória" e "Brasil através dos sambas". Por fim, no último suspiro da década, surge mais um grande compositor para se juntar a essa geração de ouro do samba-enredo. É importante ressaltar que foi nos anos 1950 que o samba-enredo se estruturou e se desenvolveu como gênero musical. Antes, o que existia eram tentativas esporádicas de se contar uma história por meio do desfile, unindo a música com fantasias e adereços. Várias escolas reivindicam a paternidade do feito, porém, sem uma definição precisa por parte dos pesquisadores e estudiosos. O que temos de certo é o regulamento de 1952, no qual consta a obrigatoriedade de a letra do samba estar alinhada ao enredo.[1]

---

1. Araújo, Hiram. *Carnaval: Seis milênios de história*, p. 276.

Marcha
Exuberante e soberano
O ideal de um povo
Meu brasil republicano
"Brasil através dos tempos", 1959 (Hélio Turco, Cícero e Pelado)

A nova década começa com um superdesafio para o trio campeão de 1959. Cartola e Carlos Cachaça, há anos sem participar dos desfiles, foram convidados a retornar e a compor para o Carnaval de 1960. A ideia partiu do então jovem presidente Robertinho, Roberto Fernando Paulino Ludolf Soares de Souza, que trabalhava na CCB, Companhia de Cerâmica Brasileira, de propriedade de sua família, na rua Visconde de Niterói. Dessa proximidade com o morro da Mangueira, nasceu uma das mais saborosas histórias da escola. O rapaz de 24 anos, da sociedade carioca, fez uma ponte inédita, até então, entre o Country Club e a Estação Primeira. Entre a Zona Sul e o samba. A relação foi tão intensa que na velhice ganhou o título de baluarte da escola. Foi ele quem levou os ensaios da pequena quadra do Buraco Quente para a quadra do Sport Clube Cerâmica, na rua Visconde de Niterói, de 1953 a 1964.

Mas voltemos ao início dessa prosa. Robertinho desenvolveu o enredo "Carnaval de todos os tempos", criado por Cartola e Carlos Cachaça, e promoveu o retorno de várias personalidades que estavam afastadas da agremiação, após conversar com as lideranças da escola. Com a proximidade do Carnaval, chegou o dia da escolha do samba que representaria a verde e rosa na Avenida. E o que parecia ser impossível aconteceu! Venceu o trio Hélio Turco, Cícero e Pelado, sagrando-se bicampeões na escola e campeões do Carnaval.

> Oh! Que reinado de orgia
> Onde o samba imperava
> Matizando alegrias
> "Carnaval de todos os tempos", 1960 (Hélio Turco, Cícero e Pelado)

A vitória do samba dos garotos pelo segundo ano consecutivo e um jovem presidente branco, da Zona Sul, eram a confirmação de que as mudanças ocorridas havia alguns anos, como, por exemplo, a implementação do samba-enredo, tinham vindo para ficar. As escolas começavam a aumentar o número de componentes e o andamento já não era tão dolente. No início dos anos 1960, uma coisa era certa para a geração que havia fundado as escolas: a tradição e o samba verdadeiro haviam acabado. Aquela Mangueira de outrora não existia mais. Cartola, não se adaptando às "modernidades", nunca mais voltará a disputar samba na escola. Preferiu passar a bola pra essa garotada que chegava cheia de energia.

Recordando o episódio, Hélio canta o samba, mais tarde conhecido por "Tempos idos", e diz: "Esse samba do Cartola é bonito pra caramba! A gente tem que saber reconhecer os adversários. Mas é bonito pra ouvir numa roda de samba, com um violão. Não dá pra imaginar uma bateria batendo pra ele e carregando um monte de gente atrás." E, então, essa nova geração seguiu em frente com muita paixão e garra com cada vez mais gente atrás das escolas de samba. Como Hélio conta, fazer Carnaval naqueles tempos de dureza era coisa para os heróis e abnegados, gente que dava o sangue pela escola. Não tinham quase subvenção. Faziam no peito, sem ganhar nada. Compravam cetim e até os homens bordavam. Ele mesmo chegou a bordar uma capa, de quase oito metros, toda em pedraria. Pesada pra burro! Porque naquela época era pedra de verdade, nada de plástico, como agora. A capa seria para a mulher do Roberto Paulino, mas como o relacionamento "furou", Dalva, a esposa de Hélio, guardou a baiana e acabou saindo com a fantasia de destaque, "Brasão do Quarto Centenário", referente ao enredo do ano de 1965, "Rio através dos séculos". Ser "bordadeiro" era apenas mais uma, entre tantas outras funções que o compositor exerceria na escola. Voltando para o concurso de 1961: a grife Hélio Turco, Cícero e Pelado se consagra tricampeã, com o belíssimo "Recordações do Rio antigo".

Rio, cidade tradicional

Teu panorama é deslumbrante

É uma tela divinal

Rio de Janeiro

Da igreja, do castelo

Das serestas ao luar

Que cenário tão singelo

"Recordações do Rio antigo", 1961 (Hélio Turco, Cícero e Pelado)

A nova carreira de compositor começou com muito sucesso. Embora até hoje não se veja como sambista, reconhece que tudo o que aprendeu deve aos seus parceiros, o beabá da composição. Com Cícero aprendeu a resumir a ideia do enredo em poucos, mas significativos versos. Como exemplo, recorda o samba de 1953, "Unidade nacional": "Como citar todos os estados do país? Seria um samba quilométrico. Não ia terminar nunca. A rapaziada não sabia por onde ir. Era um tal de norte, sul, sudeste, uma lista com um monte de estado... Aí o Cícero não teve dúvida, mandou logo um — 'vinte e um estados reunidos, todos no mesmo sentido', e acabou com o problema! Matou!", diverte-se com a malandragem do parceiro. Já com Peladinho, modo carinhoso como se refere ao amigo, aprendeu a dar ênfase à melodia.

Em 1962, o enredo era "Casa Grande e Senzala". Mais um tema desenvolvido pelo presidente, Roberto Paulino. Hélio se negou a compor. Não concordava com a linha do enredo: "Negros escravos e senhores num mesmo ideal irmanado." Hélio julgava ser uma barbaridade a forma como se deu a abolição e não queria compactuar com aquelas ideias. Para ele, a Lei Áurea foi um genocídio. Vinte e seis anos depois, fará um dos mais belos sambas sobre o tema. Mas deixemos isso para mais adiante. Apesar do "ideal irmanado", o samba de 1962, de Zagaia, Leleo e Comprido era muito bonito e levou nota máxima. Mas dizem que a escola, favoritíssima ao título, perdeu ponto por vir nas cores verde e rosa. Sem comentários.

Mais sucesso à vista. Nos anos de 1963 a 1965 o trio se manteve, mas com uma alteração. Saiu Cícero e entrou Comprido, Anésio dos Santos, presidente da ala de compositores de 1958 a 1970. E, novamente, foram tricampeões com os enredos "Relíquias da Bahia", "História de um preto velho" e "IV Centenário". O ano do tricampeonato, 1965, foi marcado pela inauguração da nova quadra, na rua Visconde de Niterói, 1.072. E, também, começaram ali os primeiros sinais de que as sucessivas vitórias já estavam incomodando. Apesar de ter ganhado o concurso, uma turma da pesada, do Buraco Quente, tentou virar a mesa e alterar o resultado. A tentativa fracassou e o samba vitorioso pôde representar a escola na Avenida.

"Exaltação a Villa-Lobos" era o enredo do ano seguinte. O maestro tinha uma relação muito próxima com Cartola e o morro da Mangueira, o que dava ao enredo uma emoção especial. Conta Hélio:

> O clima tava muito ruim pra cima da gente. Queriam dar a vitória, de qualquer jeito, pro Jurandir. Inclusive, cortaram o som do microfone na nossa apresentação. Eu deixei pra lá, porque era muito amigo do Jurandir, a culpa não era dele. Estudamos juntos, jogava bola com ele, lá no Cerâmica [time de futebol da fábrica de cerâmica]. Inventei uma desculpa. Disse que não podia ir mais na quadra por conta de uns problemas com a minha loja e a minha família e tirei o samba. A melodia do Jurandir era muito bonita, mas a letra... Tinha muita besteira ali! Até me ofereci pra ajudar a consertar,

mas o parceiro dele não quis. Onde já se viu "angelical fulgor"? Se é angelical não tem fulgor. O "grito das danças". E desde quando dança grita?! Dança é movimento! Outra: "passarelas universais". Acharam mais de um universo?! E "fascínio colorido". Pelo amor de Deus! Pintaram o fascínio... Resultado: perdemos pra Portela.

Durante as nossas conversas, me chamaram a atenção as observações que Hélio fazia a respeito das letras dos sambas. A princípio, confesso, pensei ser papo de perdedor. Afinal, todo compositor trata o seu samba como um filho, não tem defeitos! Mas, com certeza, os momentos divididos com o tio Jorge Turco no armarinho renderam frutos. E a busca pela perfeição das palavras e a harmonia dos versos se tornou quase uma obsessão. Esse mesmo traço é descrito por Roberto Paulino, amigo e companheiro de tantos desfiles, no seu livro *Do Country Club à Mangueira*:

> Hélio Turco é extremamente rigoroso e preciso com suas letras. Faz questão que elas sejam gramaticalmente perfeitas, exige muito das rimas e faz questão absoluta que elas retratem perfeitamente o enredo. Sem concessões, procura descrever o tema o mais detalhadamente possível. Ele diz que o samba tem obrigação de fazer com que as pessoas, ao ouvi-lo, tenham perfeita noção do que a escola vai mostrar no desfile.[2]

---

2. Paulino, Roberto. *Do Country Club à Mangueira*, p. 162.

E nessa busca pelo verso perfeito, venceu os últimos três carnavais da década de 1960, porém agora os parceiros variavam de ano para ano. Ou seja, oito vitórias em uma única década. Sua parceria com o amigo Pelado findou, sem razão aparente, e novos compositores pintaram na área.

Novo Carnaval. Percebendo as últimas animosidades em relação às suas composições, Hélio, embora tenha criado a segunda parte do samba, decidiu não assinar a parceria com Darci, Luiz e Batista. Tinha certeza que, se o fizesse, seria cortado. Pois "O mundo encantado de Monteiro Lobato" não só venceu a disputa, como também foi campeão do Carnaval de 1967. E para engrandecer ainda mais a trajetória desse compositor que não toca, não bate, não canta e não samba, "O mundo encantado de Monteiro Lobato" é considerado, até hoje, um dos grandes clássicos do gênero. Entrou para a história como o primeiro samba-enredo a fazer sucesso antes mesmo do desfile. Foi gravado em compacto por Eliana Pittman e a repercussão foi tanta que no mesmo ano recebeu nova gravação na voz da cantora Elza Soares. Todo esse êxito estimulou a gravação do primeiro disco das escolas de samba, em 1968.

E assim...
Neste cenário de real valor
Eis... o mundo encantado
Que Monteiro Lobato criou!
"O mundo encantado de Monteiro Lobato", 1967
(Hélio Turco, Darci da Mangueira, Luiz e Batista da Mangueira)

Darci Fernandes Monteiro, nascido no morro da Formiga, entrou para a ala de compositores da Mangueira em 1959 e passou a ser o parceiro mais constante de Hélio nessa fase. Percebendo que a fórmula de compor sem assinar dera certo, repetiu a dose em 1968, no enredo "Samba, festa de um povo". Novamente venceu o concurso e levou a Mangueira ao bicampeonato do Carnaval! A diferença é que dessa vez Zagaia, presidente da ala de compositores, fez questão de colocar o nome de Hélio junto aos parceiros nos créditos do disco: samba de Hélio Turco, Darci da Mangueira, Luiz, Batista e Dico. O samba foi gravado, ao vivo, na quadra da escola. Mas como vida de compositor não é moleza, além de não receberem nem um cascalho pela gravação, nossos amigos não foram agraciados, sequer, com um exemplar do LP.

A década de 1960 termina com mais uma consagração. Hélio vence o concurso novamente. Desde a sua inesperada incursão pelo mundo do samba, esse era o terceiro tricampeonato seguido. Um fato impressionante! O samba "Mercadores e suas tradições", de 1969, firma a parceria com Darci e traz um novo parceiro, Jurandir. Esse será o primeiro de vários sambas feitos pelos amigos da escola Olímpia do Couto. Jurandir Pereira da Silva, além de compositor, era dono de um timbre invejável. Para Hélio, qualquer samba mais ou menos virava ouro na voz grave e doce do seu parceiro, contagiando os ensaios na quadra. A escola ficou em segundo lugar no resultado final. O mesmo trio de compositores vencerá ainda o concurso de 1971, para o enredo que homenageava a aviação brasileira, "Modernos bandeirantes". O refrão do samba se tornou uma espécie de hino da Semana da Asa.

> Santos Dumont
> Hoje o mundo reconhece
> Que você também merece
> A glorificação
>
> "Modernos bandeirantes", 1971 (Hélio Turco, Darci e Jurandir)

Chama a atenção o fato de em 13 anos, de 1959 a 1971, o mesmo compositor ter ganhado dez vezes em sua escola. Ainda mais se levarmos em consideração a época. Os sambas eram feitos de fato pelos seus autores, sem esquema, sem a estrutura financeira dos "escritórios de samba" de hoje em dia. Tudo era mais artesanal, mais amador, no sentido de serem apaixonados por suas agremiações. Na verdade, essa geração estava inventando e firmando um gênero musical. E a contribuição do "turco" mais verde e rosa do planeta foi fundamental para esse processo. Mas é claro que tanto sucesso terá um custo alto. Ciúmes, brigas e disputas internas por parte de alguns de seus companheiros de ala acompanharão constantemente a trajetória do compositor daqui para a frente. Hélio conta que numa reunião entre os compositores escutou a seguinte frase: "O que que esse desgraçado desse 'turco' tem? Como é que ele faz esses troços?!" Era uma brincadeira?! Sei, não... Como diz um poeta chamado William, de uma ilha lá do outro lado do Atlântico: "O ciúme é um monstro de olhos verdes que entra na carne da gente e vai corroendo tudo que vê pela frente." Mas chega de divagação e voltemos ao morro da Mangueira. A seguir, ouviremos do próprio compositor sua receita de samba. Selecionei várias dicas citadas por ele ao longo das nossas conversas e de outras entrevistas:

– "O meu processo é o seguinte: Deus faz tudo muito fácil, aí vem o homem e complica. Pode ver como as minhas letras são de uma facilidade danada. Eu não gosto de complicar. Você tem que saber que vai fazer um samba pra milhares de pessoas cantarem. A dicção tem que ser facilitada."

– "Eu faço o samba na batida do surdo da escola. O surdo é o dono da casa. Isso é importante porque a bateria da Mangueira é diferente das outras."

– "Um trecho com dez notas musicais tem que ter dez sílabas, pra não trepar. Se tiver mais vai dar buraco."

– "A música não pode ser nem muito baixa nem muito alta. Tem que cuidar pra escolher um tom que case as vozes masculinas e femininas. É bom fazer o samba e chamar umas pastoras pra cantarem junto. Aprendi isso com Nelson Sargento, Zagaia, Marreta, Padeirinho, Cícero e Pelado. Os compositores antigos."

– "Se fizer um trecho mais quente, de preferência, bota uma *caidazinha* melodiosa pra descansar, porque vai cantar durante noventa minutos. A segunda do samba da Mangueira joga pro alto e emociona, enquanto descansa o componente e a bateria. Tem que lembrar que é verão, a fantasia é pesada, um calor danado! Então, vai ter que olhar esses detalhes pra compor um samba-enredo."

– "Tem que saber resumir. Em um trecho falar um pedação do enredo. A sinopse tem folha pra caramba. E eu não gosto de ouvir o artista [referindo-se ao carnavalesco]. Bitola. Por isso os meus sambas sempre foram diferentes. Eles olham pra um lado e eu olho pro outro. Às vezes, você tem que compor uma coisa que o artista quis dizer, mas não disse. E, geralmente, isso é a melhor parte!"

– "Depois tem que dar o polimento. Acertar os detalhes. Mudar algumas notas, um reparo ou outro na letra."

– "O samba é um casamento da letra com a música. Tem que ter alma. Um samba bom você canta três, quatro vezes e já tá na cabeça! Antigamente, você escolhia o samba uma semana antes do Carnaval e, no dia, tava todo mundo cantando. Hoje, você fica seis meses ensaiando. É ensaio na quinta, no domingo, ensaio que não acaba mais! E depois do desfile, ninguém mais lembra de nada."

– "Agora, uma coisa é certa: um bom samba depende de um bom enredo. Não dá pra tirar leite de pedra."

O jovem Hélio, aquele que estava à janela da velha sede do Buraco Quente esperando o amigo Pelado para dar um recado, na década de 1970 fará 40 anos. E o tempo, implacável como ele só, vai passando e outras modas vão chegando. Se a geração de

Cartola e Carlos Cachaça estranhava o andamento e as características do samba-enredo na década de 1950, quando a geração mais nova despontou, agora, Hélio e seus contemporâneos é que terão de se adaptar às novas mudanças que pintavam no pedaço. A popularidade das escolas de samba aumentou muito e, com elas, a quantidade de componentes. Para tentar solucionar essa questão, o regulamento determinou um limite de 2.500 componentes por escola. Uma doce ilusão... As arquibancadas ficavam mais altas. Era necessário que a música pegasse rápido. Que se comunicasse com o público. No Carnaval de 1969, o Salgueiro, sempre ele, "nem pior nem melhor, apenas uma escola diferente", faturou o caneco com um samba muito popular e curto que conquistou a cidade, "Bahia de todos os deuses". Já a Portela venceria, no ano seguinte, com o deslumbrante "Lendas e mistérios da Amazônia", talvez o seu samba mais curto. Contudo, foi um tal de Zuzuca, um compositor do Salgueiro, que criou o refrão do Carnaval de 1971. "Olê-lê ô-lá-lá, pega no ganzê, pega no ganzá" estourou nas rádios, nos salões, nas ruas e em toda parte! Um refrão chiclete, repetitivo, mas que todo mundo cantou e deu o campeonato ao Acadêmicos do Salgueiro. O samba de Hélio, Darci e Jurandir, "Modernos bandeirantes", já não bastasse a infelicidade do tema exaltação à Aeronáutica em plena ditadura, é um estranho no ninho entre os demais sambas daquele Carnaval. Parecia saído do túnel do tempo, com o seu estilo ufanista e nacionalista dos anos 1950, início dos anos 1960. A partir de então, as vitórias se tornam mais difíceis. Era necessário se adaptar a esse novo samba-enredo, mais curto, mais ligeiro e que mexia com a galera. Hélio recorda o último encontro com Silas de Oliveira, após ser derrotado no concurso com notas zero, chorando inconsolável:

> Ele passou na minha loja. Mostrava o resultado. Era o mestre de todos nós. Morreu de tristeza. Eu aprendi muito com ele. Fui esperto. Ficava observando e pegava um pouquinho do estilo de cada um.

Em 1976, volta a participar de uma nova final. O enredo era "No reino da Mãe do Ouro". Mas perde para o refrão arrasta-povo: "Obabá-ola-obabá, é a Mãe do Ouro que vem nos salvar", de Tolito e Rubens da Mangueira. Lamenta:

> Fizemos um samba bonito, eu e o Darci. Mas as mulheres queriam aquele samba *baguncinha* pro povo pular. Não fiz nem questão, deixa quieto. Mas o nosso era bonito, porra... Samba-enredo mesmo! Agora, esse negócio de o que "o trovão proporcionou" é uma vergonha, né?! Trovão não proporciona nada. Trovão é só barulho. O que faz aparecer as pedras preciosas é o raio que bate na terra. Mas esses caras não tão nem aí pra nada.

Apesar da análise linguística, o que o trovão proporcionou, de fato, foi o vice-campeonato para a escola. É... o vento estava soprando de uma maneira muito diferente. Já no ano seguinte, lá estavam ele e Jurandir, novamente, na final de "Panapanã, o segredo do amor", enredo de 1977. Parece que dessa vez havia compreendido essa nova forma de se fazer samba. Os dois refrãos sacudiram a quadra na final.

> As flores vão se abrindo
> Dando um colorido sem igual
> A passarada anunciava
> A sinfonia matinal
> O sol desponta e a lua vai embora
> Esse segredo vamos revelar agora
>
> Samba concorrente "Panapanã — o segredo do amor", 1977
> (Hélio Turco e Jurandir)

Não tinha pra ninguém! Os versos eram mais leves e aquele vocabulário pomposo, do passado, deu lugar a um samba cheio de lirismo. O bicho-papão voltou! As horas passavam e nada de o resultado sair. Cartola coordenava o júri de pessoas célebres de fora da comunidade. Sua preferência era pelo outro samba, que era mais dolente, com um jeito mais antigo. Então, o samba de Tantinho, belo, porém muito lento para os novos padrões, sagrou-se campeão. De todas as derrotas que sofreu, essa foi a que mais marcou Hélio Turco, lembrando-se de cada detalhe:

> Um jurado me telefonou contando que o Cartola conversou com o júri, dizendo que esse samba que a Mangueira toda quer vai

ser um problema pra escola. Os dois refrãos são muito fortes, a melodia é muito comunicativa e o povo todo vai cantar. Mas o povo não tem educação musical e vai se atrapalhar. Vamos botar um samba que só a escola canta.

Hélio se empolga e canta o samba todo. Aliás, que memória! Ao longo de nossas conversas, cantou todos os sambas que venceu, os que achou que merecia ter vencido e até o samba de 1952, do primeiro desfile, quando ainda puxava corda. Orgulhoso, volta ao samba de 1977:

> Até hoje, todo mangueirense daquele tempo sabe esse samba! Ficou um mês sem ninguém entrar na quadra. E no dia do desfile, a bateria não queria bater. Uma parte desfilou sem as peças na mão, sambando que nem passista.

Ao conversar com alguns mangueirenses das antigas, vários confirmaram o favoritismo e a história de Hélio. Na época, o jornalista Sérgio Cabral, que estava na quadra, fez uma gravação com o cantor Jurandir para deixar registrado o belo samba.[3] A escola obteve a sétima colocação, a pior de sua história até então. Polêmica à parte, esse episódio serve para exemplificar a briga estilística que ocorria na época. O que era samba de ver-

---

3. Samba concorrente "Panapanã, o segredo do amor", 1977, ver: https://www.youtube.com/watch?v=L-OgqlGu7hl.

dade e o que não era. Qual o andamento certo e qual o errado. O que era tradição e o que era traição às origens. Imaginem se eles vissem o desfile de agora! Abaixo, seguem alguns depoimentos de sambistas, tirados do livro *As escolas de samba do Rio de Janeiro*, de Sérgio Cabral:[4]

– "Não aguento aquele desfile, aquela correria. Parece mais um desfile militar e não carnavalesco." Cartola ao jornal *O Globo*, em 1979.

– "Não dá mais pra fazer músicas com letras muito grandes, repassadas de poesia. O negócio agora é aguentar o refrão e jogar pra frente. Hoje tudo funciona num esquema profissional. É dinheiro. Só dinheiro. Samba-enredo com poesia pura, sem apelação, não cola mais." Dominguinhos do Estácio à revista *Fatos & Fotos*, em 1977.

– "Honestamente, não vejo nenhum prejuízo nisso. Pelo contrário. Jamais seriam o que são hoje se não fosse o crescente espírito de criatividade." Amauri Jório, presidente da Associação das Escolas de Samba, para a revista *O Cruzeiro*, ao comentar a perda da autenticidade das escolas.

Esses depoimentos são dos anos 1970, mas bem poderiam ser de hoje ou da década de 1940. A verdade é que as coisas estão permanentemente em movimento, dialogando com o seu tempo. O importante é conhecer a história para podermos fazer nossas escolhas: manter, subverter, ousar, resgatar, reler,

---

4. Cabral, Sérgio. *As escolas de samba do Rio de Janeiro.*

evoluir, transgredir, conservar, mas nunca deixar de sambar. Assim, como tem feito o homenageado deste capítulo, ao longo de 69 anos de samba. Começou no samba lençol, foi ufanista, inovou nos versos, acelerou o andamento, se adaptou, mas nunca abandonou a sua musa verde e rosa. Sempre dando o sangue, a alma e o coração pela sua Mangueira. E muitas vezes entrando em brigas e discussões que deixaram cicatrizes.

Uma delas envolve a prestação de contas da ala de compositores, fato que não acontecia desde a sua saída do cargo de tesoureiro, meses antes. Com pavio curto, após não receber a satisfação desejada, soltou os cachorros para cima do tesoureiro em exercício. Foi punido com uma suspensão de dez anos. Repito: DEZ ANOS! Estava claro que não o queriam fazendo samba nunca mais. "Dizem que eu sou difícil! Eu sou difícil porque falo a verdade!" O ensinamento que aprendera com o pai e que ecoou ao longo da vida, "o maior bem de um homem é a sua honestidade e o seu caráter", não se adaptava ao mundo das escolas de samba S.A., cheio de ganância e interesses alheios ao samba. Perguntado por que tamanha animosidade entre os compositores, não teve dúvida: "O capital!" Sim, era ele quem ditava as regras do jogo, agora, distorcendo as relações pessoais e até mesmo a própria festa do samba.

> Antigamente, os compositores eram amigos. Todo mundo companheiro. A gente mostrava os sambas uns pros outros e, aí, um corrigia aqui, o outro dava um palpite ali, e no final ganhava o melhor e todos reconheciam. Hoje parece que somos inimigos ferozes.

Essa fala de Hélio vai ao encontro das cifras decorrentes da gravação do samba-enredo, que, naquela altura, já era um dos discos mais vendidos no país. Vencer o concurso deixava de ser apenas um prazer, uma vaidade de compositor, e passava a ser uma possibilidade de renda. Além de ouvir seu samba tocar na rádio, eventualmente. O que dava status ao sambista!

Sobre esse episódio da suspensão na ala, Roberto Paulino foi preciso:

> Deve-se levar em conta que, por questões internas da ala de compositores, principalmente por Hélio só querer a verdade e as coisas corretas, e por ser implacável com sacanagens de qualquer tipo, ele ficou afastado por mais de dez anos. Foi uma das maiores injustiças sofridas por um compositor na Mangueira, em grande parte por inveja.[5]

Entretanto, como mágoa de sambista se resolve em verso, aqui vai o samba, composto por Hélio Turco para essa triste ocasião. O samba, que jamais foi cantado na quadra, permanece inédito desde aquela época e sem título. Portanto, para esta publicação, o batizamos de "Meu castelo verde e rosa":

Fui construir meu castelo
Nesse cenário tão belo

---

5. Paulino, Roberto. *Do Country Club à Mangueira*, p. 163.

Que a natureza criou
Foi na minha mocidade
Que eu me lembro com saudade
Porque tudo se acabou
Em cada glória, um fracasso
Cada amigo, um falso abraço
Não foi isso que eu sonhei
Meu castelo verde e rosa
Dourava este sonho tão prosa
Ao vê-lo em cinzas, chorei
E na ilusão do Carnaval eu me perdia
Mas era feliz e não sabia
Quantas rimas eu compus em teu louvor
Os meus versos eram cheios de amor
Tudo teve o seu fim
O meu castelo era tudo para mim

"Meu castelo verde e rosa", s.d. (Hélio Turco)

Mas chega de demanda! Chega! Afinal, por trás desse discípulo de "arengueiro", que não foge de uma discussão, existe um coração verde e rosa que pulsa sem parar. E esse amor incondicional é demonstrado nas diversas funções que ocupou, ao longo dos anos, na escola de samba e na comunidade. Por temperamento, prefere não aparecer e não gosta de dar entrevista na Avenida. Vai lá para trabalhar pela Estação Primeira. No desfile de 2005, ao desfilar na comissão de frente composta por baluartes da escola, um repórter se aproximou e perguntou quem ele era e qual a sua função. Hélio, que empurrava a cadeira de Vó Lucíola, não teve dúvida e respondeu: "Sou empurrador de carro." E saiu fora! "Não falei que era compositor nem nada. Não gosto de aparecer na TV. Já me viu em algum desfile na TV? Eles acham que Hélio Turco é um negão da Mangueira", diverte-se.

Sempre foi pau pra toda obra! Logo no início, como tesoureiro da ala de compositores, organizou festas e criou eventos. Pediu a quadra, às quartas-feiras, para reunir os companheiros e cantar sambas de terreiro. Então, montou barracas para vender bebidas e oferecer brindes, uma forma de angariar fundos para a ala. Foi um sucesso total. Até quem desconfiava de uma roda de samba no meio da semana se rendeu ao batuque. "A principal coisa da nossa ala era a moral. Nunca ninguém foi suspenso em 15 anos. Não tinha briga. A gente era unido. Saíamos de lamê japonês, importado!" conta o compositor.

Hélio jogou no time de futebol do Cerâmica, bordou fantasia, ajudou a vestir a bateria, decorou a quadra para os ensaios com fitas de rabiola de pipa e bandeiras gigantes. Em 1967, a escola estava sem grana e ele, então, desenhou a roupa da porta-bandeira. Trabalhou por seis anos no barracão, varando as madrugadas, e até alegoria já empurrou na Avenida.

Nunca pedi vale, pagava o meu lanche e alugava a minha mesa na quadra. Nunca usei o nome da Mangueira pra me beneficiar.

Ao contrário! Tudo o que a escola me pedia eu fazia sem cobrar nada. Acima de tudo tá o Grêmio Recreativo Estação Primeira de Mangueira.

Sabe aquelas bandeirinhas que a plateia sacudia para a entrada da Mangueira? Era ele quem fazia, na própria casa, com a ajuda da família. Por volta de 70 mil! Até a esposa, Dalva, entrava nessa. Também costuma ajudar os compositores mais jovens:

> De vez em quando, chega um samba aqui pra fazer uma revisão, corrigir um verso, um trecho melódico. Aí dou uma força pra garotada. O importante é que a escola tenha um bom samba!

Como bom descendente de libanês, tem tino para o comércio. Foi dono de armarinho, dono de bar, aliás, um bar pra lá de especial. Pois no bar do Hélio Turco, na rua São Francisco Xavier, flamenguista e vascaíno não brigavam, faziam churrasco! Ô sorte!

Se você está achando que acabou, espera que tem mais! Organizava as festas de São João, Santo Antônio e São Pedro para as crianças do morro. Tinha até fogueira! Ali extravasava a sua outra paixão: os balões. Era um mais bonito que o outro. Tinha o de Nossa Senhora da Glória, o do Pierrô. Desviava o trânsito e soltava na frente da quadra. Era coisa de profissional mesmo, da turma do Cachambi e dos amigos da turma do Méier. O mestre baloeiro lamenta, não sem uma pontinha de orgulho:

Vinha gente de São Paulo pra aprender a fazer os moldes do balão com a gente. Hoje tá tudo aí... nesse negócio... a... [pausa] Como é que é? A... [outra pausa] a internet! E também vendi muita pipa e muito cerol! O Rio de Janeiro, todinho, vinha aqui comprar! Pagavam o que eu pedia. Não tinha pipa igual a minha, não! Eu ensinava a criançada toda daqui.

O "faz-tudo" da Mangueira era, também, o responsável pela queima de fogos que anuncia o início do desfile da escola. Tamanha notoriedade em matéria de balões, pipas e fogos de artifício lhe rendeu uma reportagem no jornal, com um belíssimo título: "Hélio Turco borda o céu com as cores da sua infância". Apesar de fugir dos repórteres na Avenida, curtiu a matéria. No que se refere à parte administrativa, além de secretário e tesoureiro da ala de compositores, por nove anos integrou a comissão de finanças da escola, interferindo diretamente nas distribuições de cotas e percentuais de captação, sempre procurando beneficiar e proteger a escola de possíveis usurpadores. E, finalmente, para terminar, ufa! Toda essa dedicação lhe rendeu os títulos de Baluarte da Mangueira, de presidente de honra da ala de compositores e um convite para ser presidente de honra da escola. O convite foi recusado por não concordar com os rumos que a diretoria vigente estava implementando. Só aceitaria se tivesse possibilidade de consertar certos descaminhos.

> Hoje tem fogueira
> Viva São João!
> Mané Fogueteiro
> Vai soltar balão
>
> "Yes, nós temos Braguinha!", 1984
> (Hélio Turco, Jurandir, Comprido, Jajá e Arroz)

Hélio é messiânico. Sua aproximação com a religião se deu por conta da doença de sua mãe, falecida de câncer no cérebro aos 54 anos. Dona Joana era uma mulher alegre e extremamente generosa, diferente do seu marido, que tinha um gênio explosivo e não cultivava amizades. Hélio relaciona esse jeito de seu Antônio ao trágico suicídio do seu avô, pai de seu pai, após abandonar a família e fugir para o Espírito Santo. Mas voltemos a dona Joana. Ao ver o seu sofrimento, um dia Hélio pediu a um conhecido da padaria para "colocar o nome" de sua mãe em proteção. Achava que o tal conhecido tivesse um centro espírita. "Quem sabe? Mal não há de fazer", pensou. Se a fé não a curou, ao menos aliviou a dor. A passagem de sua mãe foi rápida e com o menor sofrimento possível. Depois de alguns meses, o próprio Hélio começou a sentir sintomas idênticos. Fraco, debilitado, imaginando estar com a mesma doença, não teve dúvida e retornou ao mesmo centro para pedir ajuda, na verdade, uma igreja Messiânica.

No princípio estranhava aquelas letras em japonês escritas no altar, mas olhava em volta e via um monte de gente bacana —

advogado, professor... Cada relógio, cada joia! Pensou alto: "Se toda essa gente vem aqui, não vou ser eu, o mais pé-rapado, que vou embora." Os sintomas desapareceram e, recuperado, passou a frequentar e seguir as doutrinas da nova religião. Hélio não se considera um fanático, mas tem convicção de fé. "Procuro sempre ajudar, mas se não puder, arrumo alguém que possa. Prejudicar, jamais." E foi com esse pensamento que arrumou muito emprego para a garotada no morro, tentando tirá-los do mau caminho. Pedia a um amigo aqui, outro ali. Embora não goste de se meter com política partidária, conseguiu, na época do governador Brizola, que fizessem o saneamento na região, resolvendo a questão das valas que estavam a céu aberto e adoeciam a população. A fila de crianças à sua porta, à espera de um "passe" para curar a bronquite, era enorme. E lá estava Hélio ministrando o *Johrei* na meninada. Um encontro muito importante se deu no Hospital Menino Jesus, onde prestava serviços assistenciais. Lá, conheceu a enfermeira e atleta Tia Alice, levando-a para a Mangueira, onde desenvolveu um reconhecido trabalho de esporte e educação debaixo do viaduto, depois na quadra e, por fim, na Vila Olímpica da Mangueira. No que toca esse desejo de querer ajudar o próximo, Dayse, a filha caçula, conta um fato inusitado:

> Meu pai tem uma espiritualidade muito forte. Tá sempre querendo ajudar. Um dia um amigo passou lá em casa e disse que precisava de uma porta. Meu pai não teve dúvida. Foi no meu quarto, arrancou a porta e deu pra ele. Vê se pode?

Totalmente integrado à sua comunidade, exercendo uma liderança natural e afetiva, era assim que levava a vida o nosso "compositor suspenso". Certo dia, enquanto dava plantão na igreja, chegou uma comitiva do Japão. Surpreendentemente, o japonês que veio ministrar um dos inúmeros cursos que Hélio fazia, ao ver o compositor se aproximou e disse umas palavras. Sem entender "xongas" do idioma, olhou para o companheiro de fé, Nilton de Souza, que lhe falou: "Sabe o que ele tá te dizendo? Que a sua missão na Terra é fazer samba pra sua escola." "Como é que pode? O homem saiu lá do outro lado do mundo pra vir com esse papo? Tá de sacanagem!" Esses foram os pensamentos que rondaram a cabeça dura do nosso amado Turco. Pois não é que alguns dias depois, Zinho, um futuro diretor da escola, convidou Hélio para voltar a compor! "Mas ainda não acabou o prazo! Não me arruma encrenca!", resmungou. Mas a encrenca já estava arrumada. Suspendeu-se a suspensão! E, enfim, Hélio Turco retorna à Mangueira para fazer algumas das mais belas peças do samba-enredo! Volta para defender a bandeira da sua escola — na verdade, a bandeira do lugar onde cresceu e onde nasceram sua esposa, seus filhos e netos. Então, lá se foi o compositor seguir o seu destino...

É no "Balancê, balancê"

Eu quero ver balançar

É no balanço que a Mangueira vai passar

"Yes, nós temos Braguinha!", 1984
(Hélio Turco, Jurandir, Comprido, Jajá e Arroz)

Jurandir, o parceiro mais constante, foi pessoalmente chamá-lo para que retomassem a parceria. Há dois anos a turma de Niterói vencia na Mangueira, já estava ficando chato. O morro precisava reagir. Então, essa intimação era o desafio que faltava. Afinal, Hélio era do tempo de se tirar lama da velha sede do Buraco Quente, na Saião Lobato; de ensaiar na quadra de terra batida do Cerâmica, que com muito custo conseguiram cimentar. Ganhou muito samba na quadra nova, na rua Visconde de Niterói, 1.072, com chão de asfalto a céu aberto; mas faltava vencer na quadra reformada, no Palácio do Samba. E o ano era este, 1984. O ano da inauguração do Sambódromo.

O samba já se destacava nas eliminatórias, agora já posso testemunhar, pois acompanhava tudo pelo programa de rádio do Zé Carlos Machado. "Ô nega! Tira o tapete da sala e vem sambar", dizia o jingle. E não deu outra: mais uma vitória para Hélio e Jurandir, agora, acompanhados por Comprido, Jajá e Arroz. O poeta explica como veio a inspiração:

> Montei a letra em cima das canções do Braguinha. "Num 'Fim de semana em Paquetá', ouvi 'Carinhoso', amei ao luar. 'Laura' que não sai da minha mente..." Aí deu problema! Minha mulher queria saber quem era essa tal de Laura!

No dia da gravação do disco, Jurandir estava com a garganta inflamada, e o resultado não foi muito bom. Tentaram adiar, mas não era possível. Por conta disso, o samba não se destacou no período pré-carnavalesco como deveria. Mas o que poderia ser um fardo se transformou num grande trunfo na Avenida. A Mangueira chegou na dela, sem alarde, há dez anos sem ganhar, e fez um dos mais belos desfiles da história do Carnaval: "Yes, nós temos Braguinha!". O samba, de um lirismo raro, emocionou a Avenida. Foi tão lindo que só o campeonato não foi suficiente, sagrou-se supercampeã, dando a Hélio um título inédito e único! O compositor recorda que saiu com a família toda vestida de caipira, soltando balões ao longo do desfile cada vez que o refrão do Mané Fogueteiro era cantado. Uma farra! Ao chegar na Praça da Apoteose, esperaram a ala das baianas se formar para, na maciota, escapando da vigilância dos bombeiros, soltar um balão verde e rosa de 16 metros! Ao verem o fogo na bucha, os bombeiros correram para proibir. Mas era tarde! O balão já estava nas alturas, acompanhando a multidão dar a volta e seguir atrás da escola até a Central do Brasil. E o balão, Hélio? "Sei lá! Foi parar lá pras bandas de Araruama. Puta que me pariu!", diz, às gargalhadas. Em 2000, "Yes, nós temos Braguinha!" ainda recebeu o troféu de melhor samba do século, concedido pelo *Jornal dos Sports* e pela Rádio FM 94.

Em 1985, o Palácio do Samba veria uma das mais disputadas finais de sua história. O enredo era "Abram alas que eu quero passar", uma homenagem à compositora Chiquinha Gonzaga, e a quadra estava dividida entre o samba da parceria de Hélio, Jurandir e Darci e o da parceria de Leci Brandão, Rody e Ananias. A coisa estava tão apertada que fizeram duas finais. Mas Hélio e seus parceiros venceram a batalha. "Roda baiana", como ficou popularmente conhecido o samba, estourou nas rádios, puxando a venda do disco. E aí, curiosamente, no ano em que se consagrava bicampeão no Palácio do Samba, ocorreu um fato que deixou a família de Hélio pra lá de desesperada. A Liesa, Liga Independente das Escolas de Samba, juntamente com a Riotur, propôs aos compositores que assinassem um documento por meio do qual abriam mão dos direitos autorais, em troca de um modesto cachê. Todos assinaram. Quer dizer, quase todos. Hélio se negou a assinar e aconselhou Jurandir: "Vai pra tua casa. Quando a poeira baixar, você volta." As pressões vinham de todos os lados, mas o velho Turco não abria mão de seus direitos. Ele havia batido de frente com os chefões do Carnaval e o governo do estado ao mesmo tempo. Muita coragem! O parceiro Darci já havia cedido à proposta. As ligações de telefone e os advogados não davam trégua.

> Dalva, a minha mulher, sabe que eu sou doido mesmo, não ligava. Mas a minha irmã, Norma, e a minha filha choravam implorando para eu assinar. Tavam com medo. E eu dizia: Vou morrer feliz, mas não perco os meus direitos!

O senso de justiça e a retidão do pai, Antônio, tinham sido muito bem absorvidos na juventude.

> Eu falei pra eles: justo esse ano que a gente homenageou a Chiquinha Gonzaga, uma mulher liberal, fundadora da SBAT, a primeira

a garantir o direito dos compositores? Isso aqui não é lei municipal, estadual nem federal. É lei universal! Não assino e ainda processo vocês!

Resultado: graças a Hélio Turco, hoje os compositores têm os direitos autorais garantidos. Depois de todo esse barulho, o compositor acha graça quando o chamam de mala cheia.

Cheia? Só se for de dívida! Quando o dinheiro entra, passa antes pela escola, depois tem a Liesa, o IR... Quando chega na gente já é uma miséria e ainda tem que dividir com a parceria. Coloca isso aí no livro pra todo mundo saber. É importante!

O pedido foi acatado.

O tempo pintou os meus cabelos da cor do algodão
Hoje eu me sinto criança na escola do meu coração [...]
Samba concorrente "Caymmi mostra ao mundo o que a Bahia
e a Mangueira têm!", 1986 (Hélio Turco, Jurandir e Alvinho)

Tudo indicava que seria mais um tricampeonato para Hélio e seus parceiros. Só que não! Apesar de seu samba ser o favorito em 1986, perdeu para um outro que já havia sido cortado, mas que voltou ao concurso e deu motivo para novas discussões e bafafás. Segundo Hélio, o presidente, Djalma Santos, lhe disse: "Ô compadre, deixa pra lá. Você já ganhou demais. Os tempos são outros..." E assim o "Tem xinxim e acarajé, tamborim e samba no pé", vulgo samba do xinxim, ganhou o concurso, o Carnaval e entrou para a história como um dos desfiles mais animados da escola. Durante a transmissão do desfile, Paulinho da Viola, comentarista da TV Globo naquele ano, revelou estar impressionado como após tantas escolas vem a Mangueira homenageando Caymmi com um samba simples e causa tamanha comoção na Avenida. Uma vez mais, São Pedro tinha ajudado a escola, suspendendo a chuva para ela passar. A realidade é que com as disputas internas na comunidade, ficava cada vez mais difícil para um samba ganhar apenas pelos méritos. Se vivo fosse, o tio Jorge Turco, o das peças de teatro, citaria uma frase do poeta William, aquele lá do outro lado do Atlântico: "Existem mais coisas entre o céu e a terra do que pode explicar a nossa vã filosofia."

Se o capital transformou a disputa do samba-enredo num negócio, por vezes até arriscado, nos primórdios os compositores também davam o seu "jeitinho" para alcançar a vitória. É verdade que de forma bem mais jocosa, quase molecagem de menino. Certa vez, o ex-parceiro Comprido, que era chegado a uma macumba, seguindo a orientação de seu pai de santo, foi fazer um "trabalho" para garantir a vitória sobre o samba de Hélio. Meia-noite, lá estava ele no cemitério, vestido tal qual um saci — de short, camiseta e gorro vermelho. Brogógerio, seu novo parceiro, chega de carro com uma encomenda para o amigo: um bode preto, que fedia pra cacete. Trabalho feito! A sorte estava lançada. E foi assim que Hélio venceu não só naquele ano, como também nos dois seguintes. Parece que faltou algum ingrediente na receita do despacho. E até hoje Brogogério joga perfume no carro para amenizar o fedor do bichinho.

Numa outra disputa, o mesmo Comprido, toda vez que Jurandir subia no palanque para cantar o samba, acendia um charuto benzido e soltava algumas baforadas na cara do cantor. Ao perceber isso, Hélio não se fez de rogado, pegou um balde na casa de D. Neuma e, com o auxílio de alguns amigos, cada um contribuiu como podia, encheu o balde de xixi. Voltou à quadra e se colocou em posição estratégica. Novamente Jurandir subiu para cantar e, na sua cola, vinha o Comprido. Ao levantar o braço, antes mesmo de acender o charuto, é surpreendido por um banho de mijo, bem morninho. Comprido xingava o ex-parceiro com todos os palavrões que sabia e outros que inventava na hora. Cena de cinema e uma zoação geral!

Pergunte ao Criador
Quem pintou esta aquarela
Livre do açoite da senzala
Preso na miséria da favela

"100 anos de liberdade — realidade ou ilusão?", 1988
(Hélio Turco, Jurandir e Alvinho)

Após tantos aborrecimentos, Hélio pensou em desistir. Porém, para o Carnaval de 1988 foi escolhido o enredo "100 anos de liberdade — realidade ou ilusão?". Lembrou-se das festas de fim de ano, na casa de seus parentes, daquela fartura toda — comida que não acabava mais! Sempre que voltava para casa e via a realidade do morro, pensava: "Uns com tanto e outros com tão pouco. Isso não tá certo." Resolveu, então, fazer samba, mesmo sabendo que não ganharia. O impulso foi maior. Ao ler a sinopse, uma palavra chamou-lhe a atenção: discriminação. Então, resolveu fazer a letra a partir dela. Mas quis mostrar que existia um lugar no mundo onde as pessoas vivem sem preconceito e intolerância, e fez "O negro samba, o negro joga capoeira. Ele é o rei na verde e rosa da Mangueira." Aí não teve jeito! Venceu o concurso com Jurandir e Alvinho.[6] Com esse belíssimo samba, a escola foi vice-campeã, seu refrão foi eleito o melhor de todos os tempos e, até hoje, Hélio assina cartas em que autoriza universidades e escolas a estudarem a abolição da escravatura a partir de sua letra.

> Salve o samba de terreiro, salve o Rio de Janeiro,
>   [seus recantos naturais
> Se todos fossem iguais a você, que maravilha seria viver
> "Se todos fossem iguais a você", 1992 (Hélio Turco, Jurandir e Alvinho)

Em 1989, Hélio não quis participar da disputa por não gostar do enredo patrocinado. Não queria fazer jingle comercial.

---

6. Álvaro Luiz Caetano foi presidente da escola de 2002 a 2007. Foi parceiro de Hélio e Jurandir nos sambas de 1988, 90, 91 e 92.

Vou aproveitar, então, essa brecha para falar de três grandes amigos de Hélio: Pelado, Jurandir e Melão.

Parceiro de bola — um ponta-direita de primeira, foi mestre e responsável por levar Hélio para o samba.

Tenho tanta saudade desse neguinho... Peladinho era o meu irmão preto! Lá em casa, quando a gente abriu a parceria, por conta de uma fofocada, o pessoal torcia mais pros sambas dele do que pros meus!

Para defendê-lo, algumas vezes deixou o messiânico "de lado" e jogou até tijolo e bola de bilhar nos "desafetos". O apelido, Pelado, era em razão da falta absoluta de pelos — era careca, sem barba nem sobrancelhas. Após um tempo sumido da Mangueira, Hélio soube que ele estava hospitalizado em estado grave. Então pensou: "Vou lá, faço um samba, canto no ouvido dele, ele levanta logo e vem embora comigo." Mas não deu tempo. Nunca cantou o samba pro amigo e velho bamba, nem na quadra:

Esse velho quando passa

Alquebrado pode crer

Na praça Onze viu o samba florescer

E fez do samba o seu modo de viver

A Mangueira tão querida foi sua inspiração

No terreiro da escola fez vibrar a multidão

E até de verde-rosa ele pintou seu barracão

Cai não cai, vai não vai, lá vai ele
Pobre do meu pobre coração
Fez das batucadas, velhas madrugadas
Sublime recordação
E hoje este velho tão cansado de viver
Já foi um bamba, já fez samba pra valer!
"Velho bamba", s.d. (Hélio Turco)

"O Jurandir gravou. E quando o Jurandir grava, é tijolo quente!", derrete-se ao falar do amigo do tempo de colégio. Era o cara mais tranquilo com quem compor e, também, o mais atrasado. Marcava às 15h, chegava às 18h, e quando Hélio ia dar um esporro, lá vinha ele de braços abertos e sorriso largo, derrubando a irritação do parceiro por terra. Era Jurandir quem definia o tom e o andamento do samba nas gravações. Foi o seu parceiro mais constante, vencendo oito sambas e deixando muitos outros na memória de quem frequenta as eliminatórias nas quadras.

Fizeram de tudo pra gente brigar, mas isso nunca colou com a gente, não! Roubaram muito samba nosso. Ele nem se alterava. Eu, não! Eu ia pro pau! Saudade do meu amiguinho... Ele faz muita falta na Mangueira.

Após a morte do amigo, Hélio ficou dois anos sem ir à quadra. E quando foi, ao olhar para o palanque onde o parceiro cantava, teve um pico de pressão e voltou para casa.

E agora, em terra de Mangueira, onde canta Jamelão, vamos falar de Melão! Moacyr Cardoso de Abreu Castelo Branco, baluarte e diretor social da escola, era o amigo da turma do Cachambi, soltaram muito balão com a rapaziada. Trabalhava com ouro e, por anos, foi o responsável pelo barracão da escola. Aliás, foi lá que, juntos, derrubaram a parede e algumas vigas para retirar as alegorias mal dimensionadas para o desfile da Chiquinha Gonzaga. Ao verem o barracão abandonado pela equipe, não titubearam, arrancaram na marra os "obstáculos". Não deu nem tempo de se arrumar para o desfile, foram mesmo entre sangue, suor e lágrimas. "O pessoal achava que ele era meu irmão. Vivia aqui em casa." Hélio se cala. O olhar fica distante e ele diz:

> Sabe, rapaz, quando eu chego na Mangueira me dá uma tristeza danada. Perdi muitos amigos... Hoje ninguém fala do Cícero, do Pelado, do Zagaia, do Padeirinho. O que fez a Mangueira aparecer pro mundo todo foram os seus compositores. Ninguém mais fala deles! Antes o compositor era importante, hoje, perdeu espaço.

> É Carnaval, é a doce ilusão, é promessa de vida no meu coração
> _{"Se todos fossem iguais a você", 1992 (Hélio Turco, Jurandir e Alvinho)}

O último tricampeonato se anunciava com a chegada dos anos 1990. A escola enfrentava dificuldades financeiras, mas com certeza os sambas de Hélio, Jurandir e Alvinho ajudaram — e muito — os desfiles. Esse trio, formado em 1986, era imbatível! Venceram em 1990, com "E deu a louca no barroco", recebendo o Estandarte de Ouro.

Enquanto todo mundo foi pra Ouro Preto, local do nascimento de Sinhá Olímpia, como estava na sinopse, eu fui pra Vila Rica, onde ela enlouqueceu por amor. Fiz a letra do samba em cima do delírio dela!

Outro motivo de orgulho foi a escolha, unânime, do samba como o melhor do ano, numa reunião entre todos os compositores do grupo Especial o de Acesso.

"As três rendeiras do universo" era o enredo de 1991. E, mais uma vez, fugindo da sinopse, Hélio encheu a letra de poesia. Mas o carnavalesco, diante do júri, questionou os versos: "O romance entre o Sol e a Lua nasceu, um romance que o homem jamais entendeu." Segundo ele, esse trecho não se adequava ao enredo. Então, o velho Turco argumentou: "Eu quis acrescentar isso, não pode? Qual o problema? Você não entendeu?" E, prontamente, veio a resposta: "Não entendi!" Aí a malandragem imperou: "Ouve: 'Um romance que o homem jamais entendeu.' Tu é homem, não é?! Por isso que não entendeu." E assim venceu a disputa!

No ano seguinte, o homenageado seria o maestro Tom Jobim. Hélio recorda: "Rapaz! A segunda parte desse samba veio, assim, em menos de dez minutos! Mostrei pros parceiros, eles gostaram e não mexeram em nada."

Esse belíssimo samba foi tão cantado pelo público que durante a transmissão da TV, em vários momentos, tiraram o som do microfone e apenas a escola e o público cantaram. Emocionante! Mas a fase eliminatória foi dura e estressante. Forças ocultas quase cortaram o samba, que era o favorito, mas que só conseguiu vencer após muita lábia. Enfim, mais um tricampeonato estava garantido. Era o 16º samba vencido por Hélio Turco na escola. E também o último.

Liberdade
Oh! falsa realidade
Liberdade
O sonho foi morar n'outra cidade

"Abram alas que eu quero passar", 1985
(Hélio Turco, Jurandir e Alvinho)

As brigas, discussões e bafafás geraram nova suspensão. Mas o trio seguiu compondo para escolas de outros estados e fez até jingle de campanha política. O compositor não se afastou da escola, ao contrário, estava atento e vigilante para saber como cuidariam de sua musa verde e rosa. E foi assim que criou o movimento Muda Mangueira, junto com outros companheiros, para colocar a Estação Primeira de volta nos trilhos, após uma sucessão de maus resultados. A partir de 1996 voltou a competir. Nesse período um novo compositor se junta à antiga parceria, Fernando de Lima. O que parecia ser um belo retorno foi uma decepção. Seguiu em tentativas frustradas até 1999, quando, mais uma vez se sentindo injustiçado, decidiu parar de compor.

Não me deixavam ganhar de jeito nenhum! Mas o que me magoou, mesmo, foi que os meus amigos não me avisaram: "Olha, não vai dar pra você. Nem tenta." Porra! Sou aposentado, não posso ficar gastando o dinheiro que não tenho!

Foram 10 anos fora das disputas. Nesse período, fez samba para a banda do Novo Leblon, o bloco Boca Nervosa, e concorreu na Renascer de Jacarepaguá. Entre 2010 e 2020, voltou a participar e chegou a outras finais, mas sem vencer. Novos parceiros surgiram no pedaço: Domênico, Sérgio Gil, Beto Savanna, Ivan Ribeiro, Felipe Filósofo, Rody do Jacarezinho, Marcos Antunes, entre outros.

Esse jeitão sem papas na língua, essa maneira direta, questionadora, não admitindo qualquer deslize, e talvez uma falta de jogo de cintura, trouxeram muitas desavenças e desentendimentos com as diretorias. O que acarretou, com certeza, uma falta de apoio, ou até mesmo de um pulso mais forte, em defesa de seus sambas. Alguns, aliás, francamente favoritos. Outros, cortados logo no início, para não "atrapalhar" na final. Nas conversas com Hélio, fica claro que ele sempre quer o melhor samba para a escola. Seu termômetro é a quadra. Mas não esconde a mágoa ao ver seus sambas serem injustamente cortados. Ganhou 16 vezes, mas bem poderia ter vencido mais algumas, segundo ele. E lamenta:

> Antes as pastoras entravam na quadra, o morro descia e cantava os sambas. Eu nunca levei ônibus nem bajulei jurado! Nunca precisei disso. Agora, as pastoras são proibidas de entrar e o ingresso custa cinquenta paus. Que morador que pode pagar isso? Como um compositor daqui vai poder competir?

Depois de tanta frustração, pensou entrar de sócio na Unidos de Vila Isabel! Também recebeu convite para ingressar em outras escolas, para entrar num escritório de samba, mas não aceitou. Pois seus versos são a extensão de sua paixão pela escola e pelo lugar onde cresceu e vive até hoje com toda a família, em duas vilas vizinhas, na rua Visconde de Niterói. Os fundos de sua casa dão para a casa que era de seu pai, onde moram seus filhos. Hélio, hoje viúvo, continua rodeado por filhos e netos. Todo mundo bem juntinho. O filho Helinho testemunha:

> Meu pai sempre foi um cara muito correto. Volta e meia chegava um poderoso aqui, convidando ele pra ir pra outra escola. Ofereciam de tudo! E ele sempre negava. Dizia que não podia fazer samba pra concorrer com a Mangueira.

Aos primeiros minutos de cada conversa, sempre cospe uns marimbondos, xinga meia dúzia, resmunga umas verdades, mas é só pedir que ele cante um samba que o coração amansa, o sorriso desponta e a casa é tomada por uma alegria verde e rosa. Perguntei a ele quais os momentos mais marcantes após tantos anos de samba. Não titubeou:

O supercampeonato com "Yes, nós temos Braguinha!". Aquela volta até a Central, o balão... E o samba que eu fiz pra Mangueira do Amanhã. Pode colocar ele no livro? Foi a única vez que eu chorei na Avenida.

Hélio criou não só o samba, mas também o enredo. À frente da escola estava Dalva, segurando uma bandeira enorme (quem será que fez?) com a cantora Alcione. Choravam os mangueirenses na pista e o público na arquibancada. E a beleza dos versos abaixo foi escolhida, por um júri de notáveis, como melhor samba a passar no Sambódromo, entre todos os grupos, em 1992. O troféu está na Vila Olímpica.

> Brilhou a semente do amor tão lindo
> Brilhou a estrela que vem surgindo
> Teu samba, o samba puro de raiz
> Me traz a paz ao coração
> Me faz cantar, me faz feliz
> Mangueira você é madeira de lei
> O menino você nessa festa é um rei
>
> "Mangueira, berço do samba, de ontem, hoje e amanhã", 1992
> (Hélio Turco e Alvinho)

Se a relação com as diretorias nem sempre foi fácil, uma coisa é certa: todos os presidentes que entrevistei, sem exceção, se derreteram em elogios e reconhecimento ao talento e à dedicação de Hélio à sua musa verde e rosa. Elias Riche, atual presidente, conta: "Além de excelente compositor, é uma figura muito carismática na comunidade, tendo participado de momentos decisivos na história da escola." Alvinho, parceiro de tantos sambas, disse ter aprendido tudo com ele: "Ainda jovem, torcia pros sambas dele enquanto guardava os carros do lado de fora da quadra. É o meu mestre!" Chininha, companheira de geração, relembra os papos intermináveis e a incansável disposição para ajudar a escola. Elmo não vacilou: "Hélio Turco é gênio! Assim como Cartola! É referência pra todo mangueirense." Ivo Meirelles declarou numa *live* para todos ouvirem: "Se eu fosse presidente, Hélio Turco era enredo da Mangueira!" Com certeza, história é que não ia faltar!

Vim pra te embalar nessa folia
É preta a cor da poesia
Minha herança vem desse berço de bambas

Samba concorrente "Angenor, José & Laurindo", 2022
(Hélio Turco, Sérgio Gil e Fernando de Lima)

Esses versos, acima, pertencem ao samba que compôs, em parceria com Sérgio Gil e Fernando de Lima, para concorrer ao Carnaval de 2022. O enredo "Angenor, José & Laurindo" é uma homenagem a outros bambas da Estação Primeira: Cartola, Jamelão e Delegado. Aos 85 anos, o incansável compositor encara mais uma disputa na escola em plena pandemia de covid-19. E vem forte! Pois, como diz o parceiro Fernando de Lima: "Hélio é o cometa Halley. Outro igual, só daqui a 100 anos!" O novo samba já é destaque nas redes sociais antes mesmo de iniciar a competição. Seu refrão dará trabalho!

> O samba é arte, não precisa ser doutor.
> Lá em Mangueira todo mundo é professor!
> Samba concorrente "Angenor, José & Laurindo", 2022
> (Hélio Turco, Sérgio Gil e Fernando de Lima)

O "professor" Hélio poderia ter ido para o Líbano, para ter um harém e ficar rico. Mas escolheu casar e viver 50 anos com a mesma esposa, Dalva, e enriquecer de poesia a nossa cultura e a história da Estação Primeira de Mangueira. Não ganhou grana, mas ganhou as ruas com os seus sambas, o céu com os seus balões e o coração de toda a nação mangueirense. Os ventos sopraram, muita coisa mudou, mas em Mangueira ainda temos presidentes compositores e as famílias fundadoras continuam em cargos de comando. Enfrentam dificuldades, mas não abandonam a bandeira. Democracia é um troço difícil, né? Tem ano que harmoniza e ano que desliza, mas não conheço nada melhor. É somente no terreno fértil da liberdade que nascem os poetas — verdadeiros arautos do sentimento do povo. Eles têm a tal da ALMA de que fala Hélio. É o compositor da escola que conhece as dores e os amores, as vielas e as quebradas, a generosidade e o companheirismo, as armas e as chagas da sua comunidade. E é desse sentimento, dessas histórias e personagens que quisemos falar. Do Rio de Janeiro, dos morros e de seus poetas populares. Os poetas do samba-enredo.

Referências bibliográficas

Araújo, Hiram. *Carnaval: Seis milênios de história*. 2. ed. Rio de Janeiro: Gryphus, 2003.

Augras, Monique. *O Brasil do samba-enredo*. Rio de Janeiro: Editora da FGV, 1998.

Brasil, Pérsio Gomyde. *Da Candelária à Apoteose: Quatro décadas de paixão*. Rio de Janeiro: Luminária Academia/Editora Multifoco, 2010.

Bruno, Leonardo. *Explode, coração: Histórias do Salgueiro*. Rio de Janeiro: Verso Brasil Editora, 2013.

_____; Galdo, Rafael. *Cartas para Noel: Histórias da Vila Isabel*. Rio de Janeiro: Verso Brasil Editora, 2015.

Buscácio, Gabriela Cordeiro. *A chama não se apagou: Candeia e a GRAN Quilombo — Movimentos negros e escolas de samba nos anos 70*. Dissertação de Mestrado (História Social) — UFF: Niterói, 2005.

Cabral, Sérgio. *As escolas de samba do Rio de Janeiro*. 2. ed. Rio de Janeiro: Lumiar Editora, 1996.

_____. *As escolas de samba do Rio de Janeiro*. São Paulo: Lazuli Editora; Companhia Editora Nacional, 2011.

_____. *As escolas de samba: O quê, quem, como, quando e por quê*. Rio de Janeiro: Fontana, 1974.

Carvalho, Bruno. *Cidade porosa: Dois séculos de história cultural do Rio de Janeiro*. São Paulo: Companhia das Letras, 2019.

Cunha, Ana Cláudia. *O Quilombo de Candeia: Um teto para todos os sambistas*. Dissertação de Mestrado (História, Política e Bens Culturais) — FGV: Rio de Janeiro, 2009.

Fabato, Fabio et al. *As matriarcas da Avenida: Quatro grandes escolas que revolucionaram o maior show da Terra*. Rio de Janeiro: Novaterra, 2016.

Fernandes, Vagner. *Clara Nunes: Guerreira da utopia*. Rio de Janeiro: Agir, 2019.

Jupiara, Aloy; Otavio, Chico. *Os porões da contravenção: Jogo do bicho e ditadura militar: a história da aliança que profissionalizou o crime organizado*. Rio de Janeiro: Record, 2015.

Leitão, Luiz Ricardo. *Aluísio Machado: Sambista de fato, rebelde por direito*. Rio de Janeiro: Uerj, Decult; São Paulo: Outras Expressões, 2015.

Mello, Marcelo de. *O enredo do meu samba*: *A história de quinze sambas-enredo imortais*. Rio de Janeiro: Record, 2015.

_____, Marcelo de. *Por que perdeu? Dez desfiles derrotados que fizeram história*. Rio de Janeiro: Record, 2018.

Mussa, Alberto; Simas Luiz Antonio. *Samba de enredo: História e arte*. Rio de Janeiro: Civilização Brasileira, 2010.

Pamplona, Fernando. *O encarnado e o branco*. Rio de Janeiro: Novaterra, 2013.

Paulino, Roberto. *Do Country Club à Mangueira*. Rio de Janeiro: Letra Capital Editora, 2003.

Pontin, Eduardo. *Aluísio Machado: O paradoxo do samba*. São Paulo, 2014. Inédito.

Silva, Marília T. Barboza da; Cachaça, Carlos; Oliveira FIlho, Arthur L. de. *Fala, Mangueira!*. Rio de Janeiro: Livraria José Olympio Editora S.A., 1980.

Silva, Marília T. Barboza da; Oliveira Filho, Arthur L. de. *Cartola, os tempos idos*. 2. ed. revisada e atualizada. Rio de Janeiro: Gryphus, 2003.

Silva, Misael. *Na batida do Bum bum paticumbum prugurundum*. Rio de Janeiro: Multifoco, 2014.

Simas, Luiz Antonio. *Tantas páginas belas: Histórias da Portela*. Rio de Janeiro: Verso Brasil Editora, 2012.

Valença, Rachel. *Palavras de purpurina: Estudo linguístico do samba-enredo (1972-1982)*. Dissertação de Mestrado (Língua Portuguesa) — UFF: Niterói, 1982.

Valença, Rachel; Valença, Suetônio. *Serra, Serrinha, Serrano: O império do samba*. 2. ed. Rio de Janeiro: Record, 2017.

Vargens, João Baptista M. *Candeia: Luz da inspiração*. Rio Bonito: Almádena, 2014.

Vieira, Luis Fernando. *Sambas da Mangueira*. Rio de Janeiro: Revan, 1998.

Outras fontes:

Bruno, Leonardo. Entrevista gravada com David Corrêa, mar. 2020.

Gasparani, Gustavo. Entrevista com Hélio Turco em 17 de maio de 2018 (gravada na casa dele); conversas telefônicas com Hélio Turco ao longo de 2020.

Depoimento de Aluísio Machado ao Museu da Imagem e do Som, 12 jul. 2001.

Depoimento de Aluísio Machado ao Museu do Samba, 18 abr. 2009.

Depoimento de David Corrêa ao Museu do Samba, 6 abr. 2013.

Depoimento de Hélio Turco ao Museu do Samba, 8 ago. 2009.

Depoimento de Joel Menezes ao Projeto Memórias dos Portelenses, 20 jun. de 2017.

Revistas de Carnaval da Mangueira, edições 1998 e 2004.

Valença, Rachel. Entrevistas com Aluísio Machado, jul. 2005 e abr. 2018 (gravadas); conversas telefônicas com Aluísio Machado ao longo de 2019 e 2020.

Sobre os autores

Rachel Valença é pesquisadora, jornalista e escritora. É mestre em Língua Portuguesa pela Universidade Federal Fluminense, com dissertação sobre a retórica do samba-enredo: *Palavras de purpurina*. Pesquisadora da Casa de Rui Barbosa entre 1977 e 2010, foi diretora do Centro de Pesquisa da instituição por 12 anos. Mantém desde 2011 uma coluna no portal Srzd-Carnaval. Tem vários livros e artigos publicados sobre Carnaval, em especial *Serra, Serrinha, Serrano: O Império do samba* (Record, 2017), em segunda edição. Faz parte do júri do prêmio Estandarte de Ouro desde 2014. No Império Serrano há quase 50 anos, ocupou a vice-presidência da escola por cinco anos e hoje faz parte da Galeria da Velha Guarda.

Leonardo Bruno é jornalista, escritor e roteirista. É autor dos livros *Canto de rainhas* (Agir, 2021), *Zeca Pagodinho — Deixa o samba me levar* (Sonora, 2014), *Explode Coração — Histórias do Salgueiro* (Verso Brasil, 2013) e *Cartas para Noel — Histórias da Vila Isabel* (Verso Brasil, 2015), entre outros. Durante 16 anos assinou uma coluna sobre as escolas de samba no jornal *Extra*, no qual atuou também como repórter, editor e gerente de negócios. Foi apresentador do programa *Roda de Samba Ao Vivo*, editor da revista *Rio, Samba &*

Carnaval e criador do *Carnaval Histórico*. É pesquisador do Observatório do Carnaval, no Museu Nacional (UFRJ). Foi comentarista dos desfiles da Série A na TV Globo em 2020. Desde 2013 é jurado do prêmio Estandarte de Ouro.

Gustavo Gasparani é ator, diretor, dramaturgo e fundador da CIA DOS ATORES. Por seu trabalho recebeu os principais prêmios de teatro do país. Nos últimos anos desenvolve uma dramaturgia genuinamente brasileira para o nosso teatro musical, realizando espetáculos de sucesso como *Otelo da Mangueira, Samba Futebol Clube, Zeca Pagodinho — Uma História de Amor ao Samba, Bem Sertanejo* e *SamBRA — 100 anos de Samba,* entre outros. Dirigiu o prêmio Estandarte de Ouro por 10 anos, tendo participado do júri em 2010 e 2011. Desfila como passista da Mangueira há 32 anos. Tem três livros publicados: *Em busca de um teatro musical carioca* (Imprensa Oficial, 2010*), Na Companhia dos Atores* (Aeroplano/ Senac Rio, 2006) e *As matriarcas da Avenida* (Novaterra, 2019).

Agradecimentos

Os autores agradecem a Sérgio Cabral, Milton Cunha, Aloy Jupiara (*in memoriam*), ao Museu do Samba e a toda a equipe da Editora Cobogó.

Gustavo Gasparani agradece a Aluísio Pinto, Álvaro Luiz Caetano, Eli Gonçalves, Elias Riche, Elmo José dos Santos, Felipe Ferreira, Fernando Lima, Hélio Turco — e a seus filhos, Dayse, Helinho e Eduardo —, Índio da Mangueira, Ivo Meirelles, João de Camargo Pimentel, Museu do Samba, Nelson Sargento.

Leonardo Bruno agradece a Alejandro Aldana, Aydano André Motta, David Corrêa, Denise Corrêa, Laíla, Luciana Barros, Luis Carlos Magalhães, Neguinho da Beija-Flor, Noca da Portela, Raphael Azevedo, Telma Corrêa, Toninho Nascimento.

Rachel Valença agradece a Aluísio Machado, Carlos Alberto Machado, Eduardo Pontin, Haroldo Costa, Inês Valença, Joacyr Nogueira, Laerte Lacerda, Magaly Cabral e Museu do Samba.

© Editora de Livros Cobogó, 2021

Editora-chefe
Isabel Diegues

Edição
Aïcha Barat

Gerente de produção
Melina Bial

Revisão final
Eduardo Carneiro

Projeto gráfico e diagramação
Mariana Taboada

Capa
Leticia Antonio

Fotografias
Bruno Veiga, *Aluísio Machado*, 2005
Diego Mendes, *David Corrêa*, 2012
Leo Aversa/ Agência O Globo, *Hélio Turco*, 2008

Todos os esforços foram feitos para creditar os compositores das letras reproduzidas neste livro. Em caso de omissão, faremos todos os ajustes possíveis na primeira oportunidade.

Nesta edição, foi respeitado o Acordo Ortográfico da Língua Portuguesa de 1990, que entrou em vigor no Brasil em 2009.

CIP-Brasil. Catalogação na Publicação
Sindicato Nacional dos Editores de Livros, RJ

G232t

Gasparani, Gustavo

Três poetas do samba-enredo : compositores que fizeram história no carnaval / Gustavo Gasparani, Leonardo Bruno, Rachel Valença. - 1. ed. - Rio de Janeiro : Cobogó, 2021.

21 cm.

ISBN 978-65-5691-028-4

1. Carnaval - História - Rio de Janeiro. 2. Compositores - Escolas de samba - Rio de Janeiro. I. Bruno, Leonardo. II. Valença, Rachel. III. Título.

21-70638   CDD: 782.42164098153
          CDU: 78.071.1(815.3)

Todos os direitos em língua portuguesa reservados à:
Editora de Livros Cobogó Ltda.
Rua Gen. Dionísio, 53, Humaitá,
Rio de Janeiro, RJ, Brasil — 22271-050
Tel. +55 21 2282-5287
www.cobogo.com.br

2021
―――――――――
1ª impressão

Este livro foi composto em Calluna.
Impresso pela Imos Gráfica,
sobre papel Pólen Soft LD 80 g/m².